Neue

Kleine Bibliothek 289

Carl Waßmuth / Winfried Wolf

Verkehrswende

Ein Manifest

PapyRossa Verlag

Luxemburger Str. 202, 50937 Köln
Tel.: +49 (0) 221 – 44 85 45
Fax: +49 (0) 221 – 44 43 05
E-Mail: mail@papyrossa.de
Internet: www.papyrossa.de

Umschlag: Verlag
Coverbild: Sabine Klopfleisch, Berlin, unter Verwendung von iStock-Bildmaterial (browndogstudios, dejanj01)
Druck: CPI – Clausen & Bosse, Leck

Die Deutsche Nationalbibliothek verzeichnet diese Publikation in der Deutschen Nationalbibliografie; detaillierte bibliografische Daten sind im Internet über http://dnb.d-nb.de abrufbar

ISBN 978-3-89438-737-2

Inhalt

I.
VORAB ZUM MANIFEST

Vorbemerkung und Einleitung

Vorbemerkung

Im Zeitraum der Abfassung dieses Buches hat sich die Welt durch das Auftauchen des Coronavirus verändert. Wir hatten dabei nicht die ausreichende zeitliche Distanz. Dennoch ist uns bewusst, dass es bezogen auf Verkehr neue Aspekte gibt: die Flugzeuge, die am Boden bleiben, die teilweise deutlich bessere Luftqualität, das klare Wasser in Venedigs Lagunen, die Autoindustrie im Umbruch. Wir bitten um Nachsicht, dass wir diese Aspekte in ihrer Komplexität noch nicht behandeln konnten. Wo möglich, haben wir jedoch einzelne Punkte aufgegriffen.

Einleitung

Die Notwendigkeit einer konsequenten Verkehrswende

It has to start somewhere
It has to start sometime
What better place than here?
What better time than now?
(Rage against the machine[1]*)*

Wir erleben eine Klimakrise. Das Auto trägt wesentlich zur Klimaerwärmung bei. Wir erleben eine Krise der Umwelt und der Städte. Der überwältigende und weiter wachsende Straßenverkehr ist Motor in diesem zerstörerischen Prozess. Wir erleben eine Demokratie-Krise. Die Vorherrschaft von Wirtschaftsinteressen, nicht zuletzt die Macht der Autoindustrie, hat bislang eine wirksame Antwort auf die Klimaerwärmung und die Umweltkrise verhindert. Stattdessen werden Scheinlösungen wie die massenhafte Verbreitung von Elektroautos propagiert.

Klimaerwärmung

Seit drei Jahrzehnten ist bekannt: Es gibt die bedrohliche *menschengemachte Klimaerwärmung*. Setzt sie sich fort, werden sich die Bedingungen auf dem Planeten auf eine Art und Weise verändern, dass menschliches Leben in bislang bewohnten Regionen nicht mehr in angemessener Form stattfinden kann. Hans Joachim Schellnhuber, Gründungsdirektor des Potsdam-Instituts für Klimafolgenforschung, beschrieb in einem Interview irritiert die kaum noch rationalen Re-

1 https://genius.com/Rage-against-the-machine-guerrilla-radio-lyrics.

aktionen auf die Warnungen der Klimaforschung: »Es herrscht eine seltsame Gelassenheit. Wir steuern im Irrsinnstempo auf eine unbeherrschbare globale Situation zu, [...] aber viele Medien berichten nur noch mit gequälter Beiläufigkeit darüber.« Schellnhuber erwies sich 25 Jahre lang als eher zurückhaltender, aber engagierter Klimaforscher. Inzwischen hofft er auf eine »Weltbürgerbewegung«, die zwei vor zwölf dem Rad in die Speichen greift.[2]

Der ständig wachsende Autoverkehr, der sich explosionsartig steigernde Flugverkehr und die globalisierte Container-Schifffahrt, die ebenfalls rasant zunimmt, sind für rund ein Viertel derjenigen Emissionen verantwortlich, die für die Klimaerwärmung entscheidend sind. Auf den Straßenverkehr allein entfällt rund ein Fünftel aller das Klima schädigenden Emissionen. In allen drei Bereichen gibt es Verkehrswachstum und steigende Emissionen. Es war Angela Merkel, die erklärt hatte: »Die weltweite Umweltkrise ist zugleich eine Entwicklungskrise in allen Ländern der Welt; sie ist Folge einer Lebens- und Wirtschaftsweise gegen die Natur.« Allerdings sagte Frau Merkel das vor einem guten Vierteljahrhundert, 1992, auf dem Umweltforum der CDU; sie war damals Umweltministerin.[3] Auf den Klimakonferenzen in Katowice 2018 und Madrid 2019 waren die deutschen Vertreterinnen eher kleinlaut. Tatsache ist: Deutschland ist Bremser beim Kampf für Klimaschutz – nicht zuletzt aufgrund der ständig steigenden Pkw-Dichte und der Macht der Autokonzerne. Seit der ersten Umweltkonferenz, auf der die Klimaerwärmung Thema war, in Rio de Janeiro 1992, sind die CO_2-Emissionen nicht, wie es dort als notwendig erachtet wurde, gesenkt worden. Sie stiegen nochmals um 50 Prozent. Und sie stiegen auch in den entwickelten Industriestaaten.

2 Interview in: Süddeutsche Zeitung vom 15. Mai 2018.

3 UiD Extra [UiD = Union in Deutschland], 17/1992 (Thema des Heftes: »Vor Rio. Zum 2. Umweltforum der CDU am 15. Mai 1992 in Bonn«); vgl. Online-Archiv der Konrad-Adenauer-Stiftung: www.kas.de/c/document_library/get_file?uuid=07f6db58-0e26-4e89-7132-d1592d450546&groupId=252038. (Alle Online-Quellen im Text abgerufen zwischen Februar 2018 und März 2020; einige Angaben sind gekürzt, vollständige URLs liegen Autoren und Verlag vor.)

Die Bewegung gegen die Klimaerwärmung ist zugleich eine Bewegung gegen den Straßenverkehr und für eine umfassende Verkehrswende: weg vom Auto und hin zu einer Mobilität, bei der der Mensch, Fußwege, das Fahrrad und öffentliche Verkehrsmittel im Zentrum stehen. Eine solche Verkehrswende stellt einen großen Beitrag zur Reduktion derjenigen Emissionen dar, die die Klimaerwärmung bewirken.

Die Krise der Städte – die Zerstörung von Urbanität

Die Krise der Städte hat vielfältige Ursachen. Die hohen und vielfach explodierenden Bodenpreise und Mieten sind ein Faktor. Der enorme und wachsende Flächenverbrauch, den der Autoverkehr beansprucht, ist ein anderer. Straßenlärm und Luftverschmutzung, vor allem durch den Kfz-Verkehr, sind ein dritter.

In den meisten Ballungsgebieten liegt die Feinstaubbelastung dauerhaft über dem WHO-Grenzwert.[4] Der größte Teil der Menschen, die in den Städten leben, atmet heute verschmutzte Luft ein. Es sind dabei insbesondere die Bevölkerungsschichten mit den niedrigen Einkommen, die in Wohngegenden mit einer besonders schlechten Luftqualität leben. Die Reduktionen von Schadstoffemissionen, die teilweise bei neuen Automodellen erreicht werden, werden immer wieder aufs Neue zunichte gemacht durch die wachsende Zahl der Fahrzeuge und durch ihr immer größeres Gewicht.

Elektroautos bieten dabei keine Lösung. In der Stadt selbst emittieren sie zwar keine Emissionen, die das Klima belasten. Diese tre-

4 Bei den Messungen der Feinstaubbelastung wird zwischen Feinstaub mit einem Durchmesser von weniger als 10 Mikrometern (»PM 10«) und Feinstaub mit einem Durchmesser von weniger als 2,5 Mikrometern (»PM 2,5«) unterschieden. Die Weltgesundheitsorganisation (WHO) empfiehlt mit Blick auf die vom Feinstaub ausgehenden Gesundheitsgefahren 1. als Jahresmittel bei PM 10 20 μg/m³, 2. als Jahresmittel bei PM 2,5 10 μgm³, 3. als Tagesmittel bei PM 10 50 μg/m³ (*ohne* zulässige Tage, an denen eine Überschreitung möglich ist) und 4. als Tagesmittel bei PM 2,5 25 μg/m³ – ebenfalls *ohne* zulässige Tage, an denen eine Überschreitung möglich ist. Die Richtwerte der WHO liegen deutlich unter den rechtswirksamen Grenzwerten der EU. In der EU gelten beispielsweise bei der PM-10-Konzentration 50 μg/m³ im Tagesmittel, die jedoch an bis zu 35 Tagen im Kalenderjahr überschritten werden dürfen.

ten jedoch in der Herstellung aufgrund der energieaufwendigen Produktion der Batterien und in den Kraftwerken, die den Strom liefern, auf. Der Strom-Mix stammt auf absehbare Zeit zu einem großen Teil aus fossilen Quellen. Im Übrigen ist Reifenabrieb, der beim Elektroauto ebenso groß ist wie bei herkömmlichen Kraftfahrzeugen, ein wesentlicher Bestandteil der Feinstaubbelastung. Im Übrigen haben Elektrofahrzeuge den gleichen extrem hohen Flächenverbrauch wie herkömmliche Pkw. Raum, der den Menschen genommen wird; ein Flächenverbrauch, der Stau und Stillstand produziert.

Der Kampf für Klimaschutz und das Engagement für eine Verkehrswende sind eng verbunden mit den Bewegungen der Zivilgesellschaft für menschenwürdiges Leben in den Städten. Er ist Teil des Kampfs für das »Recht auf Stadt«.

Die Macht der Autoindustrie und Dieselgate

Ein Jahrzehnt lang haben die Autokonzerne, angeführt von VW, die Software der Dieselmotoren so manipuliert, dass die Schadstoff-Grenzwerte nur auf dem Prüfstand eingehalten werden. In freier Wildbahn, auf den Straßen und Plätzen, wird das Vielfache des Erlaubten in die Stadt- und Landluft geblasen.

Inzwischen wird alles getan, den Vertrauensverlust erstens auf VW zu begrenzen und zweitens nur Dieselmotoren als Bösewichte erscheinen zu lassen. Dabei spricht viel dafür, dass so gut wie alle Autohersteller mit Diesel-Pkw in der Modell-Palette mit vergleichbaren – die menschliche Gesundheit massiv gefährdenden – Manipulationen arbeiteten. Und sehr viel spricht dafür, dass es ähnliche kriminelle Manipulationen auch bei Autos mit Benzinmotoren gibt. Eineinhalb Jahre *vor* Bekanntwerden von Dieselgate konnte man in *Auto Bild* lesen: »Heutzutage erkennen Steuergeräte, wenn eine Messfahrt vorliegt. […] Motoren sparen [Emissionen; d. Verf.] […] nur auf dem Prüfstand, wenn wenig Leistung gefordert wird.«[5] Wohlgemerkt: Als dies in dem zitierten Blatt der Autolobby, das von rund

5 Auto Bild vom 14. Februar 2014.

350.000 Menschen gelesen wird, geschrieben wurde, war Dieselgate noch ein Fremdwort.

Es war die Macht der US-amerikanischen Konkurrenz, die aus der 15 Jahre andauernden Manipulation der Motoren einen Weltskandal machte und VW und Co. in die Knie zwang. Noch ist die Umweltbewegung nicht stark genug, um die Macht der Autoindustrie an entscheidenden Punkten in Frage zu stellen. Wobei als Resultat von Dieselgate die Aktivitäten gegen die Autokonzerne an Kraft und Kreativität zugenommen haben – nicht zuletzt im September 2019 bei den Aktionen gegen die Internationale Automobilausstellung (IAA). Die Verlegung dieser »Schwarzen Messe der Autofans« von Frankfurt/M. nach München ist sicher auch ein Ergebnis der Klima- und Umweltbewegung.

Die Autobranche genoss jahrzehntelang ein hohes Ansehen in der Bevölkerung. Das hat sich mit dem Dieselskandal erheblich geändert. Die Branche befindet sich zumindest in Europa in einer tiefen Glaubwürdigkeitskrise. Die Konzentration auf Elektro-Pkw, die die Autokonzerne spätestens seit 2018 verfolgen, hängt auch mit Dieselgate zusammen. Der Umweltjournalist Manfred Kriener: »Es ist kein Zufall, dass die Skandalmeldungen um manipulierte Motorentechnik und die neue Aufbruchstimmung hin zur Elektromobilität zusammenfallen.«[6] Beim Engagement für Klimaschutz und für eine Verkehrswende gelangt man schnell zur Infragestellung von Konzernmacht und zur Erkenntnis, dass eine Politik, die die Profitorientierung als Leitmaxime anerkennt, die Klimazerstörung beschleunigt und Menschenleben in Kauf nimmt.

Die Debatte um eine Verkehrswende

Die bestehende Verkehrsorganisation ist offensichtlich nicht nachhaltig. In dieser Frage sind sich alle Umweltorganisationen und alle Parteien – mit Ausnahme der Rechtsextremen – einig.

---

6 Manfred Kriener: China elektrisiert, in: Le Monde diplomatique, Februar 2017.

Seit kurzer Zeit gibt es allerdings eine breite Koalition, die als Alternative zu den konventionellen Kraftfahrzeugen das Elektroauto propagiert. Dabei wird die auf E-Pkw und Elektrobussen basierende Verkehrsorganisation als »Elektromobilität« bezeichnet.

Bereits dieser Begriff ist in starkem Maße irreführend. Die Elektromobilität, die es mit der Bahn, mit der Tram, mit S-Bahnen und mit O-Bussen seit rund hundert Jahren gibt, soll mit dem Label »Elektromobilität = E-Pkw-Mobilität« verdeckt, verdrängt und vergessen gemacht werden.

Vor allem ändert das bloße Austauschen von Autos mit Verbrennungsmotoren durch Autos mit Elektromotoren nichts daran, dass der Autoverkehr eine klimaschädliche Verkehrsorganisation darstellt. Mit einem solchen Antriebswechsel wird der fatale Teufelskreis mit »inneren Reformen« der Autobranche, wie wir ihn seit den 1970er Jahren mit den Halb- und Scheinlösungen Katalysator, Telematik und agrarischen Kraftstoffen (»Biosprit«) erlebt haben, fortgesetzt. Das Resultat dieser »Reformen« waren immer das Abwürgen grundsätzlicher Kritik am Autoverkehr und eine nochmals gesteigerte Pkw-Dichte. Auch die vorherrschende Orientierung auf »Elektromobilität« wird zu einer noch größeren Vorherrschaft des Autos und damit zu einer Vertiefung des Wegs in die Sackgasse Autogesellschaft führen. Im Übrigen sollte es bereits stutzig machen, wenn »Elektromobilität« von einem breiten Bündnis aus Autobossen, Ölkonzern-Vertretern und Offiziellen aus Ölförderländern propagiert wird.[7]

---

7 Der Chef des Volkswagen-Konzerns, Herbert Diess, ist sich sicher: »Für die Umwelt und für das Klima gibt es zum Elektroauto keine Alternative.« Der Chef des größten österreichischen Ölkonzerns, OMV, Rainer Seele, bekennt: »Wir unterstützen den Trend zu batterieelektrischer Mobilität.« Der französische PSA-Konzern und eine Tochtergesellschaft des französischen Ölriesen Total bauen in Kaiserslautern eine Batteriefabrik. Das Ölland Nummer 1, Saudi-Arabien, ist Förderer der »Formel E«, der neuen E-Pkw-Rennserie. Und der russische Kohleproduzent SUEK freut sich über »E-Mobility«, weil diese einen »gewaltigen Sprung bei der Nutzung von Kohlestrom« verursachen würde. Siehe unten bei Programmpunkt 20 den Kasten zur Kritik der Elektroauto-Strategie; ausführlich bei: Winfried Wolf: Mit dem Elektroauto in die Sackgasse, 3. Aufl., Wien 2020.

Auch in den Verkehrswendeveröffentlichungen vieler fortschrittlicher Gruppen – erwähnt seien hier Greenpeace und Wuppertal Institut, die Agora-Verkehrswende-Studie und die Brot-für-die-Welt-Misereor-Publikation – steht der Umbau der »fossilen« Autoindustrie hin zu einer Elektroauto-Industrie im Zentrum.[8] Auf diese Weise geraten dann alle anderen Elemente einer Verkehrswende (wie Fahrradverkehr und öffentlicher Verkehr), die in diesen Studien auch erwähnt werden, zur bloßen Zutat. Zugleich wird das fragwürdige Leitbild eines mobilen digitalen Menschen verbreitet, so wenn es in der Agora-Studie heißt: »Schlüsseltechnologie für die Digitalisierung im Verkehr ist das Smartphone. Es wird zunehmend als persönlicher Navigator in einem Umfeld wachsender Mobilitätsoptionen eingesetzt und hilft bei der Verkehrsplanung. Der Smartphone-Nutzer wird Teil des vernetzten Verkehrssystems, das ihm die relevanten Informationen in Echtzeit liefert.«[9]

Bilanz | Der Schlüsselgedanke der in diesem Manifest vorgestellten Verkehrswende stellt den Menschen, den Umweltschutz und den Kampf gegen die Klimaerwärmung ins Zentrum. Die meisten Elemente dieser Verkehrswende müssen nicht neu erfunden werden. Wir bedienen uns vielmehr in der lebendigen Wirklichkeit von tausenden Projekten, in denen die alternative Verkehrsorganisation heranwächst. Dabei geht es im Wesentlichen um eine Strukturpolitik der Dezentralität und der »kurzen Wege«, um die Förderung des nichtmotorisierten Verkehrs – also der Fußwege und des Radelns – und um den Ausbau von Bahn und den übrigen öffentlichen Verkehrsmitteln mit dem Ziel eines Nulltarifs im Öffentlichen Personennahverkehr. Diese Konzeption wird in den folgenden zwanzig Programmpunkten ausgeführt und konkretisiert.

---

8 (1) Agora: Mit der Verkehrswende die Mobilität von morgen sichern, Berlin 2017; (2) Verkehrswende für Deutschland – Der Weg zu CO_2-freier Mobilität bis 2035, erstellt im Auftrag von Greenpeace durch Wuppertal Institut, Wuppertal 2017; (3) Misereor-Brot-für-die-Welt-Studie (2018).

9 Agora: Verkehrswende-Studie, These 5.

II.
VERKEHRSWENDE

Ein Manifest in 20 Punkten

1.
Tempolimit rettet Leben und bringt Entschleunigung

Für Deutschland gilt: Wer von Verkehrswende redet, darf zu einem Tempolimit auf Autobahnen nicht schweigen. In Deutschland sollten die folgenden Maximalgeschwindigkeiten gelten: 120 km/h auf Autobahnen, 80 km/h auf den übrigen Fernstraßen und 30 km/h in Wohngebieten.

Grundsätzlich gilt: Niedrigere Maximalgeschwindigkeiten senken die Zahl von Unfällen und retten Menschenleben. Mit geringeren Fahrgeschwindigkeiten würde die unerträgliche Macht der Autoindustrie deutlich beschränkt, die mit den skandalösen Abschalteinrichtungen zeigte, dass sie über Leichen geht. Die damit verbundene Entschleunigung schafft auch ein deutlich verbessertes Diskussionsklima für die notwendige Verkehrswende.

Der Blutzoll, den jeder Autoverkehr fordert, ist erschütternd hoch. Zu den Unfallopfern kommt es unabhängig davon, was die Autos antreibt – herkömmliche Kraftstoffe, Wasserstoff oder Strom. Jährlich wird weltweit in einem Jahrzehnt die Bevölkerung einer Megastadt mit 13 Millionen Einwohnern, in EU-Europa die Bevölkerung einer Großstadt mit 250.000 Menschen und in Deutschland die Bevölkerung einer Kleinstadt mit 30.000 Menschen ausgelöscht.[10]

10 Jährlich werden weltweit mehr als 1,3 Millionen Menschen im Straßenverkehr getötet; in der Europäischen Union sind es 25.000, in Deutschland mehr als 3000 (2018: 3275; 2019: 3059). Die tatsächliche Zahl der im Straßenverkehr Getöteten ist deutlich höher, da nur diejenigen als Verkehrstote gezählt werden, die innerhalb von einem Monat nach einem Straßenverkehrsunfall sterben.

Dabei ist die enorme Zahl der Schwerverletzten, die in der Regel beim Dreißigfachen der Zahl der Todesopfer liegt, noch gar nicht berücksichtigt. Bei einem großen Teil der Straßenverkehrsunfälle wird als Ursache »überhöhte Geschwindigkeit« genannt. Reduzierte Geschwindigkeiten retten also Menschenleben und verringern in großem Maß menschliches Leid.

Wohlgemerkt: Es geht dabei nicht um den »Preis der Mobilität«. Es ist ausschließlich der Autoverkehr, der einen derart hohen Blutzoll fordert und der mit so viel menschlichem Leid verbunden ist. Die Unfallraten bei allen anderen Verkehrsarten sind wesentlich niedriger.

Die Verringerung dieses Blutzolls ist nur *ein* positiver Aspekt von verringerten Geschwindigkeiten im Autoverkehr. Der Verkehrsclub Deutschland (VCD) fasste die Palette der Vorteile eines Tempolimits wie folgt zusammen: »Ein Tempolimit bedeutet mehr Klimaschutz, denn es senkt sofort den Spritverbrauch und verringert damit den Treibhausgasausstoß spürbar. Bei 120 km/h ließen sich jährlich rund drei Millionen Tonnen CO_2 einsparen. Ein Tempolimit bedeutet mehr Sicherheit […] So ließen sich jährlich hunderte Tote und Schwerverletzte auf Autobahnen vermeiden. Ein Tempolimit bedeutet weniger Staus, denn es mindert die hohen Geschwindigkeitsunterschiede auf Autobahnen, die eine wichtige Ursache bei der Stauentstehung sind. Ein Tempolimit in Deutschland würde das weltweite Wettrüsten um immer schnellere Autos beenden und so mittelfristig den Weg für weniger Gewicht und mehr Effizienz von Neufahrzeugen frei machen.«[11]

In Deutschland blicken wir auf ein halbes Jahrhundert leidenschaftlicher Debatten über ein allgemeines Tempolimit auf Autobahnen zurück. Als diese Auseinandersetzung begann, hatten noch viele Länder kein solches Autobahn-Tempolimit. Inzwischen ist Deutschland das einzige Land mit hoher Pkw-Dichte, das auf einem großen Teil seines Autobahnnetzes keinerlei Geschwindigkeitsbegrenzung

11 Stellungnahme des VCD vom 14. Juni 2019.

kennt.[12] Auch in der Europäischen Union ist Deutschland isoliert. Die Debatte um die Einführung eines allgemeinen Tempolimits auf Autobahnen nahm Anfang 2020 nochmals Fahrt auf, nachdem auch der ADAC, der vorgibt, für mehr als 20 Millionen Autofahrer zu sprechen, seinen Widerstand dagegen aufgab. Der Verband erklärte, nunmehr bei diesem Thema »neutral« zu sein. Gibt es dann, wie es der Greenpeace-Verkehrsexperte Tobias Austrup formulierte, »beim Tempolimit nur Gewinner«?[13]

Das ist nicht richtig. Tatsächlich gibt es bei Einführung eines Autobahn-Tempolimits einen Verlierer: die Autoindustrie. Deshalb lehnt der Verband der deutschen Automobilindustrie (VDA) weiterhin die Einführung einer allgemeinen Geschwindigkeitsbegrenzung strikt ab. Deshalb startete die CSU im Januar 2020 eine Kampagne für die Beibehaltung der Tempofreiheit auf großen Teilen des Autobahnnetzes.[14]

Dabei agieren der VDA und die CSU stellvertretend auch für große Teile der weltweiten Autobranche. Denn alle großen Autohersteller exportieren Autos für den deutschen Markt. Für die deutschen Autohersteller ist das der Heimatmarkt. Damit stellen alle großen Autohersteller – auch die nicht-deutschen – aufgrund der

---

12 Das deutsche Autobahnnetz hat Anfang 2020 eine Gesamtlänge von 13.100 Kilometern. Auf mehr als 4300 Kilometern Länge gibt es keinerlei Geschwindigkeitsbeschränkung (offiziell gilt dort eine »Richtgeschwindigkeit« von 130 km/h, die in der Praxis jedoch keine Bedeutung hat). Auf weiteren gut 4000 Kilometern gibt es zeitweilige (z. B. ab 22 Uhr) bzw. witterungsbedingte Tempolimits. Auf dem letzten Drittel existieren unterschiedliche Geschwindigkeitsbegrenzungen. Die immer wieder vorgetragene Behauptung, es gäbe doch »so gut wie keine größeren Streckenabschnitt ohne Tempolimit«, ist unhaltbar.

13 Wiedergegeben in: Handelsblatt vom 5. Oktober 2019.

14 Die Argumente, mit denen auf der für diese Kampagne eingerichteten Website (www.130-danke-nein.de) für Tempofreiheit geworben wird, sind erstaunlich plump. Dort heißt es u. a.: »Bei einer längeren Fahrt (z. B. von Hamburg nach München) mit Tempo 100 km/h kann Müdigkeit und der Verlust von Aufmerksamkeit des Fahrers massiv zunehmen. Nicht auszuschließen, dass das mit einer Zunahme von Unfällen, Verletzten und Toten einhergeht.«

deutschen »Tempofreiheit« schwere und sehr teure – also enorm profitable – Fahrzeuge her, die für Geschwindigkeiten von 200 und mehr Stundenkilometer ausgelegt sind. Hunderttausende Autofahrer aus anderen Ländern nutzen Jahr für Jahr deutsche Autobahnen als Rennstrecken – sei es mit dem eigenen Fahrzeug, sei es mit einem Mietwagen. Es gibt Mietwagenfirmen, die hochmotorisierte Pkw bereithalten und sich auf das Geschäft mit dem Tod bringenden Geschwindigkeitsrausch (meist mit jungen Männern im Cockpit) spezialisiert haben. Jedes Jahr gibt es schwere Unfälle mit Todesopfern, weil sich junge Männer in Städten und auf Autobahnen Rennen mit diesen hochmotorisierten Autos liefern.[15]

Besieht man sich die internationale »Landschaft« der Tempobeschränkungen und vergleicht den Stand im Jahr 2020 mit demjenigen Mitte der 1980er Jahre – siehe Tabelle 1 –, dann sind zwei Dinge sofort erkennbar: Erstens, dass sich die »Tempofreiheit« in Deutschland einsam abhebt vom Rest der Welt. Zweitens, dass die erlaubten Maximalgeschwindigkeiten seit 1985 deutlich gestiegen sind: In Norwegen und den Niederlanden um 10 km/h, in Griechenland um 20 km/h, in Dänemark und Ungarn um 30 km/h und in den USA und der Türkei um 38 bzw. 40 km/h. Und trotzdem liegt der Durchschnitt der genannten Länder immer noch bei 121,6 km/h (ohne Deutschland).

Die letztgenannte Entwicklung hat durchaus mit der Tempofreiheit in Deutschland zu tun. Diese übt auch einen dauerhaften Druck auf andere Länder aus, ihre jeweiligen Tempolimits anzuheben und aufzuweichen. Im Nachbarland Österreich, wo die deutschen Autohersteller marktbeherrschend sind, wurden in jüngerer Zeit Geschwindigkeitsbegrenzungen in einzelnen Bundesländern und auf einzelnen Autobahnabschnitten angehoben. Noch im Juli 2019 wurde in Österreich beschlossen, dass auf Strecken mit einem allgemeinen Tempolimit von 100 km/h Elektroautos schneller fah-

15 Erfreulicherweise sind erste Gerichte bereit, die Täter am Steuer wegen Mordversuchs und Mordes zu verurteilen.

Tab. 1: Tempolimits in unterschiedlichen Ländern 1985 und 2020

Land	**Tempolimits innerorts / außerorts / auf Autobahnen in km/h**		**Besonderheiten**
	1985	**2020**	
BRD	50 / 100 / ohne Limit	50 / 100 / ohne Limit	»Richtgeschwindigkeit« 130 auf Autobahnen
DDR	50 / 80 / 100	–	
Belgien	60 / 90 / 120	50 / 90 / 120	
Dänemark	60 / 80 / 100	50 / 80 / 100-130	
Frankreich	60 / 90 / 130	50 / 90 (80) / 130 (110)	In Klammer: bei Regen
Griechenland	50 / 80 / 100	50 / 110 / 120	
Groß-britannien	48 / 96 / 112	48 / 96 / 112	Angaben in Meilen pro Stunde: 30 / 60 / 70
Italien	50 / 80 / 130	50 / 80 / 130	
Niederlande	50 / 80 / 120	50 / 80 / 130	ab März 2020 auf Autobahnen: 100 km/h tagsüber (6 – 19h); danach: 130 km/h
Norwegen	50 / 80 / 90	50 / 80 / 100	
Österreich	50 / 100 / 130	50 / 100 / 130	Zeitweilig galt in einzelnen Bundesländern (wie in Tirol) auf Autobahnen max. Tempo 100
Schweden	50 / 70 / 110	50 / 70 / 110	
Schweiz	50 / 100 / 130	50 / 80-100 / 120	
Spanien	60 / 90 / 120	50 / 90 / 120	Zeitweilig galt Tempo 100 auf Landstraßen; es wurde 2019 auf 90 gesenkt
Türkei	50 / 90 / 90	50 / 100 / 130	
Ungarn	60 / 80 / 100	50 / 90 / 130	
Japan	50 / 70 / 70-100	50 / 60 / 100	
USA	40-50 / 98 / 98	40-48 / 88-105 / 88-136	

ren dürfen (130 km/h Spitzengeschwindigkeit). Die Anfang 2020 neu gebildete Regierung in Wien hat diese Maßnahme nicht zurückgenommen. Teile der Grünen in Deutschland fordern inzwischen ebenfalls angehobene Geschwindigkeitslimits für E-Autos.[16] In den letzten Jahrzehnten wurden die Geschwindigkeitsbegrenzungen in einzelnen Bundesstaaten der USA schrittweise angehoben – weitgehend parallel mit dem Siegeszug von Mercedes, BMW, Porsche und Audi in Nordamerika seit den 1990er Jahren – u. a. auch mit der Kampagne »Clean Diesel«.

In dieser aktuell defensiven Situation argumentieren der deutsche Bundesverkehrsminister und die Autolobby fallweise, es gebe »keine klaren Mehrheiten« für eine allgemeine Geschwindigkeitsbegrenzung auf Autobahnen bzw. es lägen »zu wenige Informationen« über die Wirkung eines solchen Tempolimits vor. Auch die Gewerkschaft der Polizei (GdP), die eigentlich eine Geschwindigkeitsbegrenzung befürwortet, regt die Vergabe eines »unabhängigen Gutachtens« an, »um valide Zahlen zu bekommen«.[17] Vergleichbar argumentiert der ADAC. Im Bundestag gab es im Oktober 2019 und im Bundesrat im Februar 2020 jeweils eine Zweidrittelmehrheit gegen ein Tempolimit. Laut mehreren repräsentativen Umfragen unterstützen deutlich mehr als 50 Prozent der Bevölkerung ein Tempolimit.[18]

16 So eine entsprechende Forderung des Grünen-MdB und Digitalexperten Dieter Janacek im Februar 2020. Nach: »Tempolimit: Grüne erwägen Ausnahmeerlaubnis für Elektroautos«, www.zeit.de, 4.2.2020.

17 Die GdP forderte ein Tempolimit gemeinsam u. a. mit der Deutschen Umwelthilfe (DUH) und dem BUND am 11. April 2019. Ende Dezember forderte die GdP ein »unabhängiges Gutachten« zum Thema Tempolimit (u. a. nach: Handelsblatt vom 28. Dezember 2019).

18 Laut Umfrage des Meinungsforschungsinstituts Civey von Ende 2019 befürworten zwei Drittel der Deutschen ein Tempolimit auf Autobahnen, wiedergegeben in: Der Spiegel vom 27. Dezember 2019 (»Klare Mehrheit für Tempolimit auf Autobahnen«); laut Umfrage des Instituts YouGov befürworten 56,5 % eine Geschwindigkeitsbegrenzung, Umfrage vom Oktober 2019, wiedergegeben bei: t-online.de vom 17. Oktober 2019 (»Die Mehrheit der Deutschen ist für ein Tempolimit«); laut Forsa-Institut sind 57 % der Bevölkerung für Tempo 130, wiedergegeben in: Berliner Morgenpost vom 13. Juni 2019 (»Großteil der Deutschen wünscht sich Tempolimit«).

Das Jahr 1985 und der »Großversuch Tempo 100«

In den Jahren 1983 bis 1985 gab es in Westdeutschland eine breite gesellschaftliche Debatte über die Einführung eines Tempolimits 100 auf den Autobahnen. Magazine wie *Spiegel* und *Stern* und die Parteien Die Grünen und SPD und auch Teile von CDU/CSU traten für eine solche Geschwindigkeitsbegrenzung ein. Begründet wurde dies mit unterschiedlichen Studien der TU Berlin, des IFEU-Institutes, des TÜV Essen, des Umweltbundesamtes und der Bundesanstalt für Straßenwesen, in denen dokumentiert wurde: ein solches Tempolimit reduziert die Schadstoffemissionen und die Zahl von Unfällen deutlich. Der ADAC distanzierte sich 1985 auf dem Evangelischen Kirchentag von der – zuvor von ihm selbst propagierten – Losung »Freie Fahrt für freie Bürger«.[19]

Darauf flüchtete sich die Bundesregierung – damals gestellt von CDU/CSU und FDP mit Helmut Kohl (CDU) als Kanzler und Werner Dollinger (CSU) als Verkehrsminister – in die Behauptung, man benötige zur Beurteilung der Forderung nach einem Tempolimit genaue Daten »gemessen im Realbetrieb«. Es wurde ein »Großversuch Tempo 100« beschlossen. Teilstrecken des Autobahnnetzes wurden als Teststrecken für den Großversuch ausgewiesen. Der TÜV wurde als eine der Prüfinstanzen eingesetzt. Der Großversuch begann im Februar 1985; er endete vorzeitig bereits im November desselben Jahres. Am 21. November 1985 tat *Bild* kund: »Millionen Bundesbürger können aufatmen«. Laut TÜV gäbe es bei Tempo 100 »nur ein sehr geringes Einsparungspotenzial« bei den Schadstoffemissionen. In Wirklichkeit waren die Rahmenbedingungen des Großversuchs bewusst falsch gesetzt worden. Darüber hinaus besagten die endgültigen Ergebnisse, die erst Monate später publik wurden, etwas völlig anderes.[20]

19 Süddeutsche Zeitung vom 10. Juni 1985. Ausführlich bei: Winfried Wolf: Eisenbahn und Autowahn, Hamburg 1992, S. 383 ff.

20 Die Manipulationen bei dem Großversuch Tempo 100 bestanden u. a. im Folgenden: Erstens beschränkte sich der Versuch auf Autobahnen und hier auf einzelne Autobahnabschnitte (die Ergänzung um Tempo 80 auf den

Doch das Ziel war erreicht: Die scheinbar wissenschaftlichen Ergebnisse und das mediale Trommelfeuer gegen ein Tempolimit, das nach dem Großversuch einsetzte, würgten jede weitere Diskussion ab.

Der damit neu zementierte Zustand der Tempofreiheit hielt dann im Großen und Ganzen 35 Jahre lang an. Auch als nach der Vereinigung 1990 auf dem Gebiet der vormaligen DDR das dort geltende Tempolimit 100 aufgehoben und sich die Zahl der Straßenverkehrstoten in den neuen Bundesländern schlagartig mehr als verdoppelte, kam es zu keinem Aufschrei.[21] Vorsichtig geschätzt kostete im Zeitraum 1985 bis 2020 der Verzicht auf die Einführung eines Tempolimits auf Autobahnen etwa 5000 Menschen das Leben.[22]

Anfang 2020 scheinen wir in Deutschland wieder da zu stehen, wo die westdeutsche Gesellschaft 1985 stand. Es gibt eine klare Mehr-

---

anderen Fernstraßen wurde nicht einbezogen). Zweitens wurde öffentlich erklärt, ein Nichteinhalten des Tempolimits werde nicht bestraft. Am Ende stellte sich heraus, dass sich nur 30 % an Tempo 100 hielten. Drittens wurden die Schadstoffemissionen bei Geschwindigkeiten von mehr als 150 km/h erst gar nicht gemessen. In der erst Anfang 1986 bekannt gewordenen TÜV-Studie hieß es dann u. a., es gäbe »eine eindeutige Abhängigkeit von Geschwindigkeit und Emissionen«. U. a. in: Süddeutsche Zeitung vom 16. Januar 1986; zitiert bei: Winfried Wolf: Eisenbahn und Autowahn, Hamburg 1992, S. 389 (zum gesamten Großversuch: dort S. 386-390).

21 1989 gab es in der DDR 1330 Straßenverkehrstote. 1991 waren es auf dem Gebiet der Ex-DDR etwa 3800. Auch noch 2001 lag die Zahl der in den neuen Bundesländern im Straßenverkehr Getöteten bei mehr als 2000 und damit über dem Stand von 1989; sie war auch im Vergleich zu Westdeutschland überproportional. Nach: Winfried Wolf: Verkehr. Umwelt. Klima – Die Globalisierung des Tempowahns, Wien 2009, S. 321.

22 Die Zahl »5000« ist betont konservativ geschätzt. Die Berechnung wie folgt: Selbst heute, bei insgesamt deutlich niedrigeren gesamten Verkehrsopferzahlen, geht die erwähnte Polizeigewerkschaft GdP davon aus, dass sich »das Risiko schwerer Unfälle mit Schwerstverletzten« bei Tempo 130 deutlich reduzieren und »so bundesweit etwa 80 Verkehrstote pro Jahr vermeiden« ließen. Bei Tempo 120 dürfte diese Zahl bei gut 100 liegen. In den 1980er Jahren gab es in Westdeutschland mehr als doppelt so viele Straßenverkehrstote. Die Auswirkungen von begleitenden Geschwindigkeitsreduzierungen im übrigen Straßennetz sind hier noch gar nicht berücksichtigt.

heit für ein Tempolimit. Selbst der ADAC als größter Interessenverband der Autofahrer steht unter dem Druck von rund der Hälfte seiner Mitglieder, die ein Tempolimit fordert. Die Klimadebatte und die Mobilisierungen der Bewegung Fridays for Future wirken zusätzlich in diese Richtung. Im Nachbarland Niederlande wurde – gültig ab März 2020 – die Maximalgeschwindigkeit auf Autobahnen von 130 auf 100 km/h herabgesetzt. Dies erfolgte gegen den Willen der Regierung in Den Haag und durch eine gerichtliche Anordnung, unter Verweis auf die auf der Pariser Klimakonferenz beschlossenen Klimaziele.

Die Fakten liegen auf dem Tisch. Ein Tempolimit rettet Menschenleben und reduziert die Belastungen für Umwelt und Klima. Überall, wo allgemeine Geschwindigkeitsbegrenzungen eingeführt oder bestehende Geschwindigkeitslimits gesenkt wurden, war dies begleitet von einem Rückgang der Unfälle, einem Rückgang der Zahl der Getöteten und Verletzten. Besonders wichtig dabei ist: Tempolimit-Beschlüsse können binnen weniger Monaten umgesetzt werden. Sie sind mit keinen größeren Kosten verbunden. Im Gegenteil: Sie ersparen der Gesellschaft Kosten in Milliardenhöhe.[23]

Bilanz | Notwendig ist eine breite gesellschaftliche Kampagne für ein Tempolimit auf Autobahnen und für reduzierte Geschwindigkeitsbegrenzungen auf den übrigen Fernstraßen und in den Wohngebieten.

---

23 Gemeint sind verringerte Kosten durch weniger Verletzte und Schwerverletzte. Geringere Kosten durch weniger Staus. Reduzierte Kosten durch geringere PS-Zahlen der Motoren usw.

2.
Die Verkehrsmarktordnung muss vom Kopf auf die Füße gestellt werden

Die vorherrschende Verkehrsmarktordnung begünstigt die »roten Verkehrsarten«, den Autoverkehr, das Fliegen und die Hochsee- bzw. Kreuzschifffahrt. Grundsätzlich müssen die drei »grünen« Verkehrsarten Zufußgehen, Radfahren und öffentlicher Verkehr mit Bus, Tram, S-Bahn und Bahn (auch als »Umweltverbund« bezeichnet) begünstigt werden. Umgekehrt müssen den drei »roten« Verkehrsarten ihre tatsächlichen Kosten zugerechnet, diese also verteuert und deutlich eingeschränkt werden.

Es gibt eine enorme Bandbreite von Elementen, die die verkehrte Verkehrsmarktordnung charakterisieren. Hier seien im Wesentlichen drei Bereiche vorgestellt, in denen diese zu ändern ist. Erstens bei den Infrastrukturinvestitionen. Zweitens bei der spezifischen Förderung zum Erwerb von Geschäftswagen. Und drittens bei übrigen Subventionen und hier insbesondere auch bei der Seeschifffahrt.

Verkehrsinfrastruktur | Jeder Ausbau der Straßen und jeder Straßenneubau werden gestoppt. Es gibt keine neuen Startbahnen bei Flughäfen – und schon gar keine neuen Airports – mehr. Stattdessen kommt es zu einem Rückbau eines größeren Teils dieser Verkehrsinfrastrukturen und deren Umnutzung zugunsten von Radwegen, Schienenwegen für Tram, S-Bahnen und Bahn und für eine Ausweitung von Freizeitbereichen, Grünanlagen, Spielplätzen usw. Jahr für Jahr werden in Deutschland gut 1000 Kilometer neue Straßen gebaut und ausgebaut. Das gilt auch für Autobahnen.[24] Es gilt der Satz: »Wer Straßen baut, wird Straßenverkehr ernten.« Gleichzeitig wird das Schienennetz Jahr für Jahr abgebaut und geschwächt (siehe Punkt 9). Jahr für Jahr fließen rund 25 Milliarden Euro in den Neubau, Ausbau und Erhalt des Straßennetzes. Dabei wird meist vergessen, dass das Gros dieser Ausgaben von den Kommunen zu bezahlen ist und dass diese Belastung ein wesentlicher Grund dafür ist, dass die Gemeinden kaum finanziellen Spielraum haben, dass viele bankrott sind und dass sie zum Beispiel nicht das erforderliche Geld für den Ausbau der Radwege und des ÖPNV haben.[25] Hinzu kommen mehr als acht Milliarden Euro, die Jahr für Jahr für die Luftfahrt ausgegeben werden. Wenn diese gewaltigen staatlichen Ausgaben in den Bereichen Straße und Luftfahrt nur halbiert werden würden (und sich die verbleibenden Mittel auf den Erhalt eines dann eingeschränkten Straßennetzes beschränkten), dann brächte dies jährliche Sondereinnahmen (in Form reduzierter staatlicher Ausgaben), die dem ÖPNV zufließen könnten, in Höhe von 15 Milliarden Euro.[26]

---

24 Im Jahr 2000 hatten nur 1350 Autobahnkilometer eine Fahrbahnbreite von 11 bis 20 Metern. Zehn Jahre später waren es mit 2650 Kilometern bereits mehr als doppelt so viele.

25 2013 betrugen die Ausgaben für die Straßen insgesamt 19,2 Milliarden Euro; davon wurden 8,6 Milliarden Euro von den Gemeinden und Gemeindeverbänden, 3,1 Milliarden von den Bundesländern und 7,5 Milliarden vom Bund getragen. Angaben nach: Staatliche Einnahmen und Ausgaben im Verkehrssektor. Analyse der Datensituation und konzeptionelle Erfordernisse für eine Finanzierungsrechnung, Deutsches Institut für Wirtschaftsforschung (DIW; Dr. Heike Link und Dr. Uwe Kunert) im Auftrag des Umweltbundesamtes, Oktober 2017.

26 Die staatlichen Ausgaben für »internationale Verkehrsflughäfen« beliefen sich 2013 auf 6,2 Milliarden Euro. Hinzu kommen 150 bis 200 Millionen Euro, die die Kommunen jährlich für die Subventionierung und den Erhalt der 18 Regionalflughäfen, die alle defizitär betrieben werden, bezahlen. Die erstgenannte Zahl (internationale Verkehrsflughäfen) nach: Staatliche Einnahmen und Ausgaben im Verkehrssektor …, a. a. O.; die Angaben zu den Regionalairports nach: Alexander Mahler / Matthias Runkel, Steuergelder für den Flughafen von nebenan – Betrachtung der Subventionierung und Wirtschaftlichkeit deutscher Regionalflughäfen, in: Forum ökologisch-soziale Marktwirtschaft, Berlin 3/2017, PDF unter: www.foes.de.

Geschäftswagen / Dienstwagen | Die steuerliche Förderung von Geschäftswagen ist zu beenden. Inzwischen sind in Deutschland 70 Prozent aller Neuzulassungen von Pkw deutscher Hersteller Dienstwagen; nur noch 30 Prozent neuer Autos, die von deutschen Herstellern stammen, gehen an Privatpersonen. Der Fiskus finanziert damit gezielt erstens den Autoverkehr und zweitens die deutsche Autoindustrie. Diese Subventionierung wird seit Jahren immer stärker ausgebaut. So sollen aktuell teure E-Pkw als Geschäftswagen besonders gefördert werden.[27]

Es handelt sich bei Dienstwagen überwiegend um teure Autos mit meist hohen CO_2-Emissionen; der (bezahlte!) Durchschnittspreis eines neu zugelassenen Dienstwagens lag bereits 2017 bei 39.469 Euro. 2020 liegt er deutlich über 40.000 Euro. Die Dienstwagen gehen zu 75 Prozent an Männer.[28] Die Förderung von Dienstwagen kostet den Fiskus jährlich 3,1 Milliarden Euro. Dies stellt in gleicher Höhe eine Subventionierung der deutschen Autokonzerne dar.

---

27 Auch die *steuerliche Auslegung* der Geschäftswagenförderung wird systematisch optimiert. Jüngst berichtete die Tageszeitung *Die Welt* erfreut über die besonders teuren Geschäftswagen, bei denen der Arbeitnehmer Sonderwünsche hatte und deshalb privat zuzahlte, wie folgt: »Bislang hat das Finanzamt diese Zuzahlungen für Dienstwagenfahrer […] berücksichtigt, indem die Zuzahlung im ersten Jahr auf den geldwerten Vorteil angerechnet wurde – und gegebenenfalls noch im zweiten und dritten Jahr. Aber wenn die Zuzahlung den geldwerten Vorteil […] überstieg, hatte der Arbeitnehmer nichts davon. Denn der geldwerte Vorteil kann höchstens bis auf Null absinken. Eine darüber hinausgehende Anrechnung, etwa als Werbungskosten, haben die Finanzgerichte bisher immer unterbunden. Aber nun gibt es eine Verbesserung. Das Niedersächsische Finanzgericht hat entschieden, dass eine einmalige Zuzahlung zu den Anschaffungskosten eines Firmenwagens auf die gesamte Laufzeit des Wagens verteilt werden darf…« In: Stephan Maass, Der Fiskus fährt mit, in: Die Welt vom 17. September 2018.

28 Die zweitgrößte Einzelgruppe unter den Dienstwagen (differenziert nach 14 Kategorien wie »Oberklasse«, »Obere Mittelklasse«, »Mittelklasse«, »Kleinwagen«, »Van« usw.) sind SUVs. 2017 wurden in Deutschland rund 600.000 neue SUV zugelassen – als Geschäftswagen. Angaben nach: Handelsblatt vom 1. Dezember 2017.

Weitere Subventionen | Es gibt ein Gestrüpp an steuerlicher Förderung für die genannten »roten Verkehrsarten«. Allein die notwendige Beendigung des »Dieselsteuerprivilegs« brächte jährlich zusätzliche Einnahmen in Höhe von 7,35 Milliarden Euro. Eine Beendigung der Steuerbefreiung von Kerosin – der Kraftstoff für den Luftverkehr – brächte weitere 7 Milliarden Euro jährlich. Ein Stopp für die Mehrwertsteuerbefreiung für den grenzüberschreitenden Luftverkehr resultierte in 4,76 Milliarden Euro zusätzlichen Steuereinnahmen.

Die *Seeschifffahrt*[29] wird in vieler Weise auf internationaler, auf EU-Ebene und seitens der einzelnen Länder massiv steuerlich begünstigt bzw. es werden große Investitionen getätigt, die mit Steuergeldern bezahlt werden und die Umwelt und das Klima belasten. Die steuerlichen Begünstigungen belaufen sich in Deutschland auf jährlich eine dreiviertel Milliarde Euro.[30] Allein das Projekt der extrem klimaschädlichen Elbvertiefung in der Region Hamburg kostet mindestens 800 Millionen Euro.[31] Auf europäischer Ebene belaufen sich die jährlichen Subventionen für die Seeschifffahrt auf mehrere Milliarden Euro. Die steuerliche Förderung dieser Transportart trägt dazu bei, dass die Preise von weltweit gehandelten Waren enorm niedrig sind und umgekehrt, dass die Preise der Produkte regionaler Wirtschaften relativ hoch sind. Was auch heißt, dass Arbeitsplätze in der Region zerstört werden. Darüber hinaus ist die Seeschifffahrt für eine ganze Palette von Umweltschäden verantwortlich. Ihr Beitrag zur Klimabelastung – der Anteil an den weltweiten CO_2-Emissionen – beträgt aktuell bereits 2,6 Prozent. Tendenz stark steigend.[32]

29 Hier ist ausschließlich die Hochseeschifffahrt gemeint. Wobei es auch bei der Binnenschifffahrt Tatbestände von Subventionen gibt, die aus Klima-Sicht problematisch sind, beispielsweise die Vertiefung der Weser.

30 Bericht des Wissenschaftlichen Dienstes des Deutschen Bundestags »Beihilfen und Subventionen für die maritime Wirtschaft in Europa« vom 22. Januar 2016.

31 Siehe den Bericht des NDR vom 24. Juli 2019.

32 Das Umweltbundesamt veröffentlichte im Herbst 2019 eine sehr gute Zusammenfassung zu den »Fakten zur Seeschifffahrt und ihren Auswirkungen auf die Umwelt«. Siehe: www.umweltbundesamt.de.

Bilanz | Die »verkehrte Verkehrsmarktordnung« ist der entscheidende innere Antrieb für die fortgesetzte Verstärkung und Reproduktion einer Verkehrsorganisation, in der Kraftfahrzeuge und Flugzeuge die entscheidende Rolle spielen. Wird diese nicht vom Kopf auf die Beine gestellt, dann werden so gut wie alle Einzelmaßnahmen ständig konterkariert. Auch eine CO_2-Steuer – hier einmal abgesehen von der damit verbundenen sozialen Problematik – erweist sich dann als ein pures Herumdoktern an Symptomen. Die Umsetzung dieses Programmpunkts hat schließlich einen segensreichen finanziellen Aspekt: In der Summe werden damit Subventionen und andere staatliche Ausgaben, die im Fall der Umsetzung eines Verkehrswendeprogramms entfallen, in der Höhe von Dutzenden Milliarden Euro aufgelistet. Damit kann ein wesentlicher Teil eines Verkehrswendeprogramms finanziert werden. Zwar stellt ein Teil dieser dann entfallenden Subventionierung keine entsprechenden staatlichen Einnahmen mehr dar, wenn die »roten Verkehrsarten« – wie ja geplant – rückläufig sind. Jedoch entfallen dann im vergleichbaren Umfang die entsprechenden externen Kosten dieser Verkehrsarten, sodass es am Ende oft durchaus bei einem Kostenvorteil bleibt[33] (siehe das Schlusskapitel).

33 Ein Beispiel: Wenn das »Dieselsteuerprivileg« abgeschafft wird und sich der Dieselkraftstoff verteuert, dann setzt sich das kurzfristig fast 1:1 in höhere staatliche Einnahmen als Folge der höheren Besteuerung von Dieselkraftstoff um. Wenn in der Folge die Nutzung von Diesel-Pkw – und später allgemein von Pkw – rückläufig ist, reduzieren sich diese staatlichen Sondereinnahmen. Doch dann gehen z. B. auch die Straßenverkehrsunfälle zurück, was u. a. die Kosten bei den Krankenkassen, Altersversorgungskassen, Hilfsdiensten, Polizei usw. senkt (= reduzierte »externe Kosten« des Autoverkehrs).

3. Notwendig ist eine Strukturpolitik der kurzen Wege

Notwendig ist eine systematische Politik der kurzen Wege. Dadurch werden die grünen Verkehrsarten gefördert und die roten Verkehrsarten, vor allem der Pkw-Verkehr, deutlich reduziert. Im Rahmen einer solchen Politik müssen Gesetze abgeschafft werden, die – wie die Entfernungspauschale – Zersiedelung und Neuverkehr begünstigen. Zivilgesellschaftliche Engagements für Dorfläden oder für den Erhalt von Bahnhöfen sind zu unterstützen.

Wir erlebten in den vergangenen 70 Jahren eine strukturell begünstigte und oftmals erzwungene Verkehrsinflation. Seit Erfindung des Autos und vor allem seit seiner massenhaften Verbreitung in den 1920er Jahren in den USA, in den 1960er bis 1980er Jahren in Westeuropa und in den 1990er Jahren in Osteuropa und Japan kommt es zu einer Zersiedelung. Diese wird nicht nur verkehrstechnisch ermöglicht durch das Auto; sie wird vor allem durch den massenhaften Straßenbau und durch spezifische Subventionen wie die Entfernungspauschale gefördert. Die mittelalterliche Stadt, die sich in vielen Jahrhunderten entwickelt hatte und die eine Stadt der kurzen Wege und der intensiven Kommunikation, der Märkte und des Austauschs war, wurde zerstört. Dort, wo sie heute noch in ihren alten Strukturen erhalten ist, wird sie wie ein Museumsstück behandelt. Dabei zieht sie zu Recht die Bewunderung Hunderttausender auf sich.[34]

---

34 »Mit der mittelalterlichen Stadt zeigte die Menschheit ihre Fähigkeit, eines der am höchsten entwickelten und durchdachtesten Systeme für eine Bevölkerung zu entwickeln, auf dass diese in Frieden, in Sicherheit, mit viel

Ergänzend dazu führte sowohl in den Städten als auch auf dem Land eine Politik der Deregulierung zu einer enormen Konzentration im Einzelhandel; sogenannte Gebietsreformen verlängerten die Wege zu Ämtern und öffentlichen Stellen teilweise erheblich. Die Verkehrsinflation wird auch durch die Grund- und Bodenordnung und die Bodenspekulation – und damit durch überhöhte und ständig steigende Mieten und Pachtgebühren, vor allem in den Zentren mit dichter Bebauung und dichter Wohnbevölkerung – vorangetrieben. Ein Westeuropäer legte in den 1970er Jahren rund 9000 km jährlich motorisiert zurück. Heute sind es gut 50 Prozent mehr oder rund 14.000 Kilometer. Dabei hat die Zahl der einzelnen Wege (im Beruf, beim Einkaufen, in der Freizeit, im Urlaub) nicht zugenommen. Es sind 1000 bis 1200 Wege pro Jahr. Zugenommen haben in erster Linie *die Entfernungen bei jedem einzelnen Weg.*

Diese Verlängerung der Wege muss im Rahmen einer Verkehrswendepolitik so weit wie möglich zurückgenommen werden. Alle Wege in den Bereichen Beruf, Ausbildung, Verwaltung, Freizeit müssen, soweit dies mit angemessenem Aufwand möglich ist, verkürzt werden. Mehr zurückgelegte Kilometer sind nicht gleichzusetzen mit mehr Mobilität. Das wäre die Übertragung der »Tonnenideologie« auf den Bereich Mobilität. »Mobilitas« oder »mobilis« – diese lateinischen Worte stehen nicht für Kilometerfraß, sondern für »Beweglichkeit« und »beweglich« im Sinne von: um den eigenen

Kommunikation und in einem relativen Wohlstand zusammenlebten, wie es Vergleichbares zuvor noch nie gegeben hatte. Folgt man dem Historiker Lewis Mumford, dann war die mittelalterliche Stadt DIE STADT mit den richtigen – menschengerechten – Dimensionen, das Zentrum von Geist und Kunst, ausgestattet mit einer hohen Qualität von öffentlichem Raum und Architektur. Der boomende Städtetourismus des 20. und 21. Jahrhunderts ist der beste Beweis für die Richtigkeit dieser Analyse eines der besten Stadthistoriker, die wir kennen.« Aus einem Referat von Prof. Hermann Knoflacher, Wien, mit dem Titel »Paradigm change in Transport and Urban Planing«, gehalten auf dem Symposium »Urban Transport and Environmental Regulation – The 4th China-EU Social-Ecological and Legal Forum, Peking, 25. bis 27. September 2014; Manuskript; Übersetzung durch die Verfasser.

Lebensmittelpunkt herum beweglich zu sein und die erwähnten Bedürfnisse mit möglichst kurzen Wegen befriedigen zu können.

Ein praktisches Beispiel: Der Freizeitverkehr (Fahrten ins Grüne, ins Kino, in ein Schwimmbad, zu Kulturveranstaltungen) macht bereits rund 50 Prozent aller motorisiert zurückgelegten Kilometer (der »Verkehrsleistung in Personenkilometer«[35]) aus. Dabei ist der Urlaubsverkehr noch nicht eingerechnet. Die Verkehrsleistung für diesen Mobilitätszweck wurde deutlich überproportional gesteigert. Und es ist vor allem der Pkw, der im Freizeitverkehr dominiert. Hier verstärken sich nun auf fatale Weise destruktive Prozesse: Indem die Pkw-Dichte in den Städten zunimmt und die Belastung durch den Autoverkehr sich erhöht, haben Städte immer weniger Freizeit- und Erholungswert. Das beginnt bereits bei der reinen Flächennutzung, wo den Pkw in Form von Straßen und Stellplätzen und Parkhäusern immer mehr Raum einzuräumen ist. Gleichzeitig gibt es einen Privatisierungs- und Konzentrationsprozess bei Freizeiteinrichtungen: Es schließen kommunale Schwimm- und Hallenbäder, kommunale Kulturzentren, Jugendhäuser und Kinos im Kiez, eröffnet werden stattdessen teure »Schwimmopern«, Musical-Halls und Großdiskos, die außerhalb der Stadtviertel liegen. Die Freizeitwege werden länger. Der Öffentliche Personennahverkehr (ÖPNV) und der Regionalverkehr werden vielfach ausgedünnt, z. B. in den Spätabend- und Nachtzeiten und an Wochenenden. Man benötigt noch mehr Autos.

Vor 50 bis 60 Jahren herrschte nach allgemeinem Verständnis eine Wohlstandsgesellschaft mit wenig mehr als einem Prozent Arbeitslosen – und wesentlich kürzeren Wegen als heute. Es gibt keinen

35 Die Verkehrswissenschaft unterscheidet das Verkehrsaufkommen (= die Zahl der Wege bzw. Fahrten) und die Verkehrsleistung (= die Zahl der Wege multipliziert mit den zurückgelegten Kilometern), im Güterverkehr analog das Transportaufkommen (gemessen in Tonnen bzw. Millionen Tonnen) und die Transportleistung (transportierte Tonnen multipliziert mit der Transportentfernung). Wenn angegeben wird, die nichtmotorisierten Verkehrsarten Gehen und Radeln würden z. B. in Kopenhagen 60 und mehr Prozent der Wege betragen, dann entspricht dies geschätzt 35 bis 40 Prozent der Verkehrsleistung (der Personenkilometer; Pkm).

vernünftigen Grund, warum mit einer konsequenten Strukturpolitik nicht wieder zu einem solchen Wohlstand beigetragen werden kann, der allen gestattet, zur Befriedigung der Mobilitätsbedürfnisse in den Bereichen Freizeit und Kultur, Einkaufen und Arbeit angenehme und kurze Wege zu haben.

Die Zauberworte bei diesem Verkehrswendeelement heißen: Priorisierung von Nähe; Dezentralisierung von Strukturen; lebenswerte grüne Wohnquartiere; Straßencafés anstelle von Pkw-Abstellräumen; Entschleunigung zwecks Lebensgenuss und zwecks Rückgewinnung von Urbanität. In diesem Zusammenhang gilt es auch, autofreie Quartiere zu fördern. Modellversuche mit Titeln wie »Autofreie Stadt« oder »Autoarme Stadt« oder »Stadt für die Menschen« stehen auf der Tagesordnung.[36] Eine solche Politik der kurzen Wege erfordert auch wirksame Maßnahmen gegen die Bodenspekulation und zur Senkung von Mieten in zentralen Lagen (so eine neu konstruierte, das heißt wirksame Mietbremse respektive ein Mietendeckel und auch Kampagnen gegen die Bodenspekulation, wie sie in Berlin mit »Deutsche Wohnen & Co. enteignen« geführt werden).

Wer in der Sommerhitze zu Fuß unterwegs ist, wünscht sich Wege, die Schatten bieten, und Trinkwasserspender. Öffentliche Toiletten in erreichbarer Nähe sind zu allen Jahreszeiten willkommen. Die drei europäischen Metropolen Paris, Madrid und Berlin haben sich vor diesem Hintergrund verpflichtet, den Grundsätzen einer »Blue Community« zu folgen. Trinkwasser und sanitäre Grundversorgung müssen demnach in diesen drei Städten im öffentlichen Raum kostenfrei zugänglich gemacht werden.

Wer zwei Tage pro Woche von zu Hause aus arbeitet, reduziert seinen CO_2-Austoß für den Arbeitsweg um 40 Prozent, und zwar mit sofortiger Wirkung. Eine Erfahrung, die nach dem Home-Office während der Corona-Krise für viele hunderttausend Beschäftigte auch in krisenfreien Zeiten Schule machen könnte. Arbeitgeber soll-

36 Siehe hierzu Bernhard Knierim: Ohne Auto leben – Handbuch für den Verkehrsalltag, Wien 2016.

ten daher angehalten werden, die Möglichkeiten von Heimarbeit zu nutzen, während gleichzeitig der Gesetzgeber und die Gewerkschaften respektive die Tarifpartner dafür Sorge zu tragen haben, dass diese Heimarbeit nicht zu zusätzlicher Arbeitsintensivierung beiträgt.

Einige Freiberufler haben bereits auf eigene Initiative begonnen, sich am Stadtrand gemeinschaftlich Räume zum Arbeiten anzumieten, in denen sie sich auch die technische Infrastruktur teilen. Solche auch Co-Working-Spaces genannten Bürogemeinschaften machen es auch möglich, nur für zwei Arbeitstage pro Woche einen Arbeitsplatz zu unterhalten.

Die Stadt von morgen hat kurze, direkte und logisch angelegte Wege und maßvolle Dimensionen des öffentlichen Raums. So wie jede Siedlung in der Nähe einen Kindergarten und eine Schule benötigt, so sind dort Läden, Bäcker, Cafés, Physiotherapeuten und Allgemeinärzte sowie Bank- und Postfilialen erforderlich. Die großen Einkaufszentren am Stadtrand stellen eine Fehlentwicklung dar. Die öffentliche Hand sollte sich Räume und Immobilien sichern, so dass wohnortnah und zweckgebunden die entsprechenden Dienstleistungen bereitgestellt werden können.

Nach Schätzungen sind deutschlandweit von 160.000 Dorfgeschäften, die es 1970 noch gab, nur noch 40.000 übrig geblieben. Die offizielle Statistik besagt, acht Millionen Menschen seien in diesem Sinn »unterversorgt«. Was auch heißt, dass auf diese Weise in gewaltigem Umfang Vereinsamung geschaffen und Verkehr produziert wird. In manchen Orten, in denen es keine (oder keine zufriedenstellenden) Einkaufsmöglichkeiten mehr gibt, haben sich »Dorfläden« und Netzwerke für solche Dorfläden entwickelt: Mehrere hundert davon gibt es inzwischen. Viele davon in Bayern. Oft entwickeln sich damit gleichzeitig neue Kommunikationszentren. Und alle sind sie getragen von zivilgesellschaftlichem Engagement: »Der neue Bürgersinn zeigt sich beim Wichtigsten: dem Geld. Verbreitet ist das Genossenschaftsmodell, wie in Otersen [in Niedersachsen; d. Verf.]. 138 der 500 Einwohner haben ›Dorfladenaktien‹ ab 250 Euro gekauft, es kam genug Grundkapital zusammen. […] ›Unsere Dividende heißt Lebensqualität‹, sagt [der De-facto-Geschäftsführer] Günter Lühning. Viele Läden bieten ein Café oder einen Biergarten; Ausflügler kommen gern, um Honig, Himbeeren oder Fleisch regionaler Herkunft zu kaufen. Die 'raus-auf's-Land-Mode befördert den Boom noch, viele Läden rechnen sich.«[37]

Einen massiven Beitrag zur Produktion von Verkehr stellt das Bahnhofssterben dar. Seit der »Bahnreform« des Jahres 1994 hat die Deutsche Bahn AG mehr als 3500 ihrer 5500 Bahnhofsgebäude verkauft. Gerechtfertigt wird das mit einem absurden Neusprech, wonach der eigentliche Bahnhof, das Bahnhofsgebäude, als für den Bahnbetrieb meist nicht nötiges – daher veräußerbares – »Empfangsgebäude« bezeichnet wird. Auf diese Weise wird systematisch eine kulturelle und verkehrspolitisch wertvolle Substanz im Schienenverkehr zerstört. Damit wird auch das Image des Bahnverkehrs beschädigt – was den Verantwortlichen durchaus bewusst gewesen sein muss, hatte doch der vormalige Bahnchef Heinz Dürr die Bahnhöfe als »die Vistenkarte der Bahn und der jeweiligen Stadt« bezeichnet und daraus gefolgert, dass deshalb an diese beim »Erscheinungsbild und der Servicequalität hohe Ansprüche gestellt werden.«[38] Bahnhöfe, die verschlossen, verbrettert und vernagelt oder an Privatleute verkauft wurden, sind jedoch in der Regel keine vorzeigbare »Visitenkarte der Bahn« mehr. Vor allem wurden auf diese Weise auch wichtige Kommunikationsstrukturen in den betroffenen Orten zerstört. Vielerorts gibt es lokale und kommunale Initiativen, die sich bemühen, dass Bahnhöfe erhalten und als »Verkehrszentralen« und Kommunikationszentren oder als »Kulturbahnhöfe« neu belebt werden.

Es ist allerdings weltfremd zu glauben, allein zivilgesellschaftliches Engagement reiche aus, um das Tante-Emma-Laden-Sterben und den Bahnhofs-Tod und den damit oft verbundenen Trend zu

---

37 Joachim Käppner: Heimat zu kaufen, in: Frankfurter Allgemeine Zeitung vom 21. September 2013.

38 Heinz Dürr: Statement auf der Bilanzpressekonferenz vom 26. Mai 1994, S. 18f.

immer weiteren Wegen zu stoppen. Es bedarf hier vielmehr auch der Unterstützung der öffentlichen Hand: konkreter Fördermaßnahmen und gesetzlicher Regulierung, die in diese Richtung wirken.

Immerhin droht vielfach eine Fortsetzung und Intensivierung der Schaffung inflationärer Verkehre. So gibt es Vorschläge, die in Kauf nehmen, dass die Wege noch weiter verlängert werden, z.B. im Gesundheitssektor. Nur acht Monate vor Ausbruch der Corona-Epidemie legte die Bertelsmann-Stiftung eine Studie vor, wonach die Zahl der Krankenhäuser in Deutschland von derzeit noch rund 1900 um bis zu 60 Prozent reduziert werden müsste. Hintergrund sollen Kostengründe sein. Die Bundesregierung widersprach der Analyse nicht; Gesundheitsminister Jens Spahn, der sich in der Corona-Krise als Schirmherr des Krankenhaussektors präsentiert, argumentierte damals, es gelte sich »auf das Notwendige zu konzentrieren«.[39] Das fatale Kostenargument ignoriert den Zustand der ambulanten Versorgung in Deutschland. Tatsächlich handelt es sich dabei um eine Aufforderung zum Kahlschlag in einem Krankenhaussektor, der ohnehin bereits in starkem Maß von Privatisierung geprägt ist.

Kurze Wege verbessern auch auf andere Art unsere Lebensqualität. In einer dysfunktionalen Gesellschaft haben die Menschen nicht nur weite Wege, sie haben auch Angst vor Überfällen und Gewalt auf ihren Wegen. Das kann dazu führen, dass sie sich nicht mehr auf die Straße trauen und stattdessen in der Tiefgarage ins Auto steigen, um möglichst ohne Halt zu ihrem Ziel fahren und dort wieder aus der Tiefgarage per Fahrstuhl an ihren Arbeitsplatz oder den Einkaufs- oder Freizeitort ihrer Wahl zu gelangen. Ihre Wohnungen und Häuser lassen manche in Form von »gated communities« mit Überwachungskameras und Schwarzen Sheriffs sichern. Das ist kein tragfähiges Modell für die Zukunft. Der Rückzug ins vermeintlich sichere Auto entvölkert die Stadtviertel, er trennt die Welt in Bereiche mit Mauern, Zäunen, Stacheldraht, Kameras und von bewaffnetem

39 Siehe dazu auch die Initiative »Regionale Krankenhaus-Infrastruktur erhalten«; https://regionale-krankenhausinfrastruktur.de.

Personal bewachte Bereiche und in dazwischenliegende Nicht-Orte. In solchen No-Go-Areas wird nicht nur auf die Aufrechterhaltung von Recht und öffentlicher Ordnung verzichtet, sondern auf das Miteinander schlechthin. Unter No-Go-Area wird gemeinhin ein Bereich verstanden, den man wegen seiner Eigenschaft als sozialen Brennpunkt oder infolge einer hohen Kriminalitätsrate nicht mehr betreten soll. Man kann das aber auch als ein Gebiet verstehen, in dem nicht mehr zu Fuß gegangen wird, zumindest nicht mehr von allen Schichten. Kehrt man diese Logik um, so benötigen wir also »Go-Areas«. Wo die Anwohner für ihre Angelegenheiten zu Fuß gehen und Rad fahren, interessieren sie sich auch eher für die Belange ihres Kiezes. Wir benötigen belebte Quartiere mit Menschen, die sich für ihr Umfeld und für ihre Nachbarschaft verantwortlich fühlen. Das sind sichere und lebenswerte Bereiche, und das fördert den Klimaschutz durch die Vermeidung von Autoverkehr.

4.
Die ersten aller Verkehrsmittel sind die Füße. Das Stiefkind Fußgängerverkehr muss entdeckt und gefördert werden

Zufußgehen ist auch heute noch in der Verkehrspolitik kaum ein Thema. In der Verkehrsstatistik wurde das Gehen jahrzehntelang schlicht ignoriert; die Füße nicht als Verkehrsmittel anerkannt. Dabei beginnt jeder Verkehrsweg zu Fuß. Fußgängerverkehr hat auch heute noch einen Anteil an allen Verkehrswegen von rund einem Fünftel. Der Fußverkehr bringt wegen seines geringen Flächenbedarfs unter den individuellen Verkehrsarten die mit Abstand höchste Mengenleistung.[40] Das Potenzial des Fußverkehrs muss im Rahmen einer Verkehrswende stark gefördert werden – auch als Beitrag zur gesteigerten Lebensqualität.

Zufußgehen ist schlicht menschlich. Für kaum einen anderen Vorgang gibt es derart viele Verben; Heiner Monheim zählt sie auf: »Gehen, laufen, schlendern, bummeln, schleichen, rennen, eilen, hetzen, marschieren, schreiten, stolzieren, promenieren, flanieren, sprinten, joggen, walken, wandern…«[41] Am Gehen sollte man auch Siedlungen, Städte und die Architektur messen. Der Architekt und Stadtplaner Jan Gehl, Autor des Buchs »Städte für Menschen« und mitverantwortlich für die Umwandlung der Stadt Kopenhagen in die fahrradfreundlichste Stadt der Welt, äußerte mit Blick auf das Zu-

---

40 »In eine 10 – 15 m breite Fußgängerzone passen 20.000 Personen je Stunde. Dieser Wert übersteigt den maximalen Personendurchfluss im Autoverkehr bei Weitem.« Heiner Monheim (unter Mitarbeit von Dörte Monheim): Wege zur Fußgängerstadt, Hohenwarsleben 2018, S. 21.

41 Heiner Monheim, a. a. O., S. 17 f.

fußgehen: »Das menschliche Maß bedeutet sehr viel. Es ist wichtig zu wissen, wie der homo sapiens geht und wie seine Sinne funktionieren. Der Modernismus hat uns darüber verwirrt, was der richtige Maßstab ist. Er hat alles Wissen einfach weggefegt. Plötzlich fingen wir an, Städte zu bauen, die gut für eine Geschwindigkeit von 60 Kilometer pro Stunde sind und nicht mehr für fünf Kilometer, die ein Fußgänger in einer Stunde zurücklegt. Wer mit dem Auto kommt, braucht breite Straßen und Plätze, um einfach sicher zu wenden. Damit war die Stadt plötzlich gut für Autos, aber nicht mehr gut für die Menschen.«[42]

Fahrradverkehrs-Programme und Radwege-Investitionen konnten vielerorts schon durchgesetzt werden, aber der Fußgänger selbst taucht in der Verkehrsplanung weiterhin praktisch nicht auf. Selbst die Verkehrsforschung behandelt das Zufußgehen stiefmütterlich. So wird in Erhebungen und Befragungen zumeist verlangt, das ›hauptsächlich genutzte Verkehrsmittel pro Weg‹ zu nennen. Das führt zu einer systematischen und teilweise dramatischen Unterschätzung des Verkehrsmittels ›Zu Fuß‹. Genauere Erhebungen zeigen zum Beispiel, dass 94 Prozent aller ÖPNV-Fahrten auch mit dem Verkehrsmittel Füße verknüpft sind: Von den 65 Minuten, die wir durchschnittlich täglich unterwegs sind, verbringen wir den größten Anteil zu Fuß, nämlich 24 Minuten bzw. 37 Prozent. Pkw-Fahrten nehmen 20 Minuten in Anspruch, ÖPNV-Fahrten 9 Minuten. Der Anteil der Fahrrad-Fahrten und Fahrten als Mitfahrer ist noch geringer.[43]

Die nichtmotorisierten Verkehrsarten müssen massiv gefördert werden. Das Zufußgehen und Radfahren macht heute in einigen Städten bereits wieder bis zu 60 Prozent aller Personenwege, also des Verkehrsaufkommens, aus. Dieser Anteil kann teilweise noch gesteigert werden. Vor allem können vergleichbare Anteile auch in anderen Städten erreicht werden. Dies vor allem dann, wenn der im

---

42 Jan Gehl: Über Fußgänger, in: Süddeutsche Zeitung vom 29. August 2015.

43 Werner Brög: Das hauptsächlich vernachlässigte Verkehrsmittel in der Mobilitätsforschung, in: mobilogisch!, Zeitschrift für Ökologie, Politik & Bewegung, Heft 2/2017.

vorausgegangenen Programmpunkt entwickelte Punkt der kurzen Wege – gewissermaßen Schritt für Schritt – umgesetzt wird.

Zufußgehen müsste in der Hierarchie der Verkehrsarten an oberster Stelle stehen: Mit Gehen beginnen und enden so gut wie alle Wege. Man kann wegen Fehlverhaltens den Führerschein entzogen bekommen, einem Menschen das Gehen, Rollstuhlfahren oder den Rollator zu verbieten, ist nicht vorstellbar. Nichtsdestotrotz ist genau das auf vielen öffentlichen Wegen faktische Realität. Halsbrecherische Stolperfallen und Barrieren schrecken ältere Menschen ab; Menschen, die auf einen Rollstuhl angewiesen sind, werden damit fast völlig von der gesellschaftlichen Teilhabe ausgeschlossen.

Das muss nicht so sein. Was Kopenhagen für den Radverkehr ist, ist Wien für Fußgänger: eine Stadt mit Vorbildcharakter. Anfang der 1990er Jahre wurde in Wien ein Masterplan zur Eindämmung des motorisierten Individualverkehrs und zur Förderung von Alternativen erarbeitet. Dabei wurden auch Widerstände der zuständigen Planer in der Verwaltung überwunden. Im Ergebnis wurden sowohl umfangreiche Infrastrukturmaßnahmen umgesetzt als auch eine breitere Öffentlichkeit zur Wahrnehmung von Mobilitätsalternativen angesprochen. Ein »Public-Awareness-Konzept« (etwa Konzept für öffentliche Achtsamkeit) wurde entwickelt und umgesetzt.

In Fragen der Gesundheitsvorsorge ist es weitgehend akzeptiert, dass wir uns wenigstens eine halbe Stunde am Tag bewegen sollten, zumindest im Wochendurchschnitt. Das kann man erreichen, indem man drei Mal die Woche mit dem Auto ins Fitnessstudio fährt. Am einfachsten, am zeitsparendsten und mit den geringsten Emissionen verbunden ist es jedoch, wenn man sein Bewegungspensum zu Fuß in der Alltagsmobilität abdeckt.

Wien hat heute weniger klimaschädliche Verkehre als andere Städte. Dazu kommt aber auch, dass sich dort Fußgänger und Radfahrer deutlich mehr als eine halbe Stunde am Tag bewegen. Wiener Nutzer öffentlicher Verkehrsmittel bewegen sich 49 Minuten pro Tag. Nur die Wiener Autofahrer müssen ihr Bewegungspensum noch außerhalb der Alltagsmobilität abdecken.

Der Verkehrsexperte Heiner Monheim, der sich in seinen Publikationen seit den 1980er Jahren für Verkehrswendeprogramme einsetzt und der dabei immer auch die Fußgänger im Blick hatte, schreibt in einer aktuellen Veröffentlichung: »Wie schön könnte Gehen sein, wenn die Städte voller Promenaden und Alleen wären, wenn Fußgänger-Zonen große Netze bilden würden. [...] Wie schön wäre es, wenn es viele kleine und große Plätze für Aufenthalt und Kinderspiel gäbe, mit Sitzmöglichkeiten, als Treffpunkte im Quartier [...] Wenn der ›parkende Fußgänger‹ [das sind Fußgänger, die stehen oder sitzen], genau so viel politische wie planerische Aufmerksamkeit fände, wie das geparkte Auto.«[44] In Westdeutschland wurden in Städten 1972 noch 40 Prozent aller Wege zu Fuß zurückgelegt. In der DDR waren es zum gleichen Zeitpunkt noch fast 50 Prozent. Ende der 1990er Jahre waren es in Gesamtdeutschland nur noch gut 20 Prozent.[45] Erst allmählich und nur in Städten, die eine eher nachhaltige Verkehrspolitik verfolgen, wird das Potenzial, das im Fußgängerverkehr steckt, wiederentdeckt. In der einen oder anderen Stadt steigt wieder der Anteil, den die Fußwege im gesamten Verkehrsmarkt einnehmen, wieder an.

Eine Zunahme des Zufußgehens beeinflusst das Miteinander im Verkehrsraum positiv. Die Stadtquartiere leben auf. Seniorinnen und Senioren, Menschen mit Behinderungen, Kinder und Jugendliche entdecken ihre Stadt neu. In den Stadtquartieren, im Kiez, entwickeln sich Leben, Spielen und Gemeinschaft.

Aus der Mobilitätsforschung ist bekannt, dass die Wahl unseres Verkehrsmittels zur einen Hälfte von externen Faktoren (d.h. von Infrastrukturen und anderen Sachzwängen) und zur anderen Hälfte von persönlichen, subjektiven Präferenzen und Einschätzungen bestimmt wird. Potenziell die Hälfte aller Verkehrsmittelentscheidungen ist somit veränderbar, ohne dass dafür gebaut werden muss. Oft wird zum Beispiel der Zeitvorteil einer Fahrt mit dem Auto gegen-

---

44 Heiner Monheim, a.a.O., S. 6.

45 Monheim, a.a.O., S. 64.

über einem Weg zu Fuß um bis zu 100 Prozent überschätzt. In Beispielprojekten ist es gelungen, allein durch Bekanntmachen der realen Wegezeiten bis zu zehn Prozent der Autofahrten durch Fußwege zu ersetzen.

Jede zweite Strecke, die mit dem Auto gefahren wird, ist kürzer als fünf Kilometer und jede vierte Strecke kürzer als drei Kilometer. Auch für Kurzstrecken gibt es Sachzwänge wie Fahrten zum Krankenhaus. Für 5 bis 10 Prozent aller Entscheidungen für Pkw-Fahrten liegen aber keine besonderen Gründe vor, noch nicht einmal subjektive Präferenzen.[46] Eine Winzigkeit kann den Ausschlag geben für eine Entscheidung, zu Fuß zu gehen statt Auto zu fahren. Man nennt die Aktivitäten, auf diesem Weg die Verkehrsanteile zugunsten des Klimaschutzes zu verändern, »weiche Maßnahmen« (soft policies); sie sind günstig und können dennoch enorme Verlagerungen bewirken. Man vergrößert so auch die Gruppe derer, die weitergehende Maßnahmen zur Förderung des Fußverkehrs unterstützen.

Kommunale Informations- und Mitwirkungskampagnen können sich zum Ziel setzen, dass zehn Prozent der Autofahrten auf freiwilliger Basis durch Fußverkehr, Radverkehr und Fahrten mit dem ÖPNV ersetzt werden. Man kann Kiezspaziergänge anbieten, die Nachbarn und lokale Gewerbetreibende zusammenbringen und (die kurzen) Entfernungen wahrnehmbar machen. Fußwegekarten der Kieze können das ergänzen. Fußentfernungs-Netzkarten zeigen, wie lange es zu Fuß von Station A bis Station B dauert. Am Ende werden die Menschen motiviert, vermehrt wieder selbst in der Nähe einzukaufen, zu flanieren, unbeschwert für Kleinigkeiten kurze oder längere Fußwege zu beschreiten. Fußgänger mögen:

- Saubere Luft auf ihren Wegen und Stille bzw. wenig Lärm
- Attraktive Erdgeschosse, die sich über Läden oder Kiezinitiativen zur Straße hin öffnen

46 Untersucht wurde das Verlagerungspotenzial von Pkw-Fahrten in Europa, den USA und in Australien. Siehe z. B. Werner Brög: Dialog-Marketing mit Dialog, in: Der Nahverkehr, 6/2016.

- Straßenfeste, für die ihre Straße komplett gesperrt wird
- Autofreie Samstage oder Sonntage oder Wochenenden
- Fußgängerfurten zwischen parkenden Autos
- Helle, aber wind- und regengeschützte Warteplätze für Bus und Bahn mit Sitzplätzen
- Wege frei von Verschmutzungen durch Sperrmüll, Hundekot und Zigarettenkippen
- Bäume, Büsche und Blumen an den Wegen und Plätzen
- Bänke und Sitzgruppen
- Öffentliche Trinkwasserbrunnen
- Öffentliche Toiletten
- Einkaufstrolleys und Rucksäcke mit Hüftgurt
- Abschließbare Abstellboxen in Hausflur oder Hof

Die weichen Aktivitäten sollten durch Infrastrukturmaßnahmen ergänzt und erweitert werden. An Kreuzungen erwarten Fußgänger kurze Wartezeiten statt minutenlangen Wartens bei Rot. Auch sollte die jeweils maximal mögliche Grünzeit ausgeschöpft werden. Schluss mit demütigenden Drei-Sekunden-Grünphasen, die dem Fußgänger nach Betreten der Fahrbahn sofort signalisieren: Verschwinde schnell! Mach Platz für das Auto!

Viele Bedarfsampeln sind Immer-Rot-Schaltungen, die Fußgänger dazu nötigen, durch Knopfdruck zu signalisieren – »hallo, mich gibt es auch noch«. Diese auch Bettelampeln genannten Lichtzeichenanlagen geben diesen Menschen oft auch noch durch lange Wartezeiten – teilweise ohne dass ein Auto kreuzt – demütigend zu verstehen: »Du musst immer anhalten, Autos haben Dauergrün.« Wer diese Unterprivilegierung von Kind an erlebt, kann durchaus zu dem Schluss gelangen, dass gesellschaftliche Anerkennung nur durch die Benutzung eines Autos möglich ist.

Wo überhaupt Bedarfsampeln statt echter Kreuzungen noch vertretbar sind, sind Sofort-Grün-Schaltungen einzuführen, die gerade so viel Wartezeit haben, wie es dauert, um für den Autoverkehr über Gelb auf Rot zu schalten.

Bei vielen möglichen Verbesserungen für Fußgänger wird an die Städte gedacht. Dabei ist es auch auf dem Land möglich, den Fußverkehr zu verbessern. Oft fährt der Bus nur stündlich (oder seltener), Nachbarorte, die nicht entlang der Straße liegen, die zum nächsten Mittelzentrum führt, haben oft gar keine ÖPNV-Verbindung. Zu Fuß zu laufen würde 30 bis 45 Minuten dauern, eine durchaus noch vertretbare Zeit – man müsste aber die Autostraße entlanggehen. In diesen Fällen sollte ein eigener Fußweg angelegt werden oder zumindest ein kombinierter Fuß- und Radweg.

An oberster Stelle steht für Fußgänger die Sicherheit. Was nützen komfortable Wege, wenn man sich am Ende im Krankenhaus wiederfindet. Die Sicherheit wird gefährdet durch potenzielle Zusammenstöße mit anderen (E-Rollern, Fahrrädern, Motorrädern, Bussen, Bahnen, Autos und Lkws), durch unebene oder glatte Wege, die zu Stürzen mit Knochenbrüchen führen können. Außerdem gibt es Wege, die man im Dunkeln oder auch tags nicht allein gehen möchte, weil man Kriminalität und Gewalttaten fürchtet. Baustellen beeinträchtigen die Sicherheit von Fußgängern und Radfahrern oft erheblich. Die Wegeführung wird oft ohne oder mit unzureichender Markierung verändert. Baustellenverkehre und Anlieferungen blockieren auch markierte Bereiche. Baustellen benötigen eine verpflichtende Zuwege-Genehmigung. Bei Verstößen sollte die Genehmigung ausgesetzt werden können.

Eine schlechte Organisation des Winterdienstes schadet dem Fußverkehr. Insbesondere Privatsierungen und unklare Zuständigkeiten können Chaos hervorrufen. Wer älter ist, behält sein Auto zuweilen wegen Erfahrungen mit gefährlicher Glätte.[47] Weil er vorbereitet bleiben will für Fälle, in denen man nur mit dem Auto das Haus verlassen kann. Und wie es so oft kommt, werden Autos, die man einmal hat, dann auch gefahren – auch wenn man genauso gut laufen oder den ÖPNV nutzen könnte.

---

47 In Berlin war das zum Beispiel 2010 über eine Dauer von 50 Tagen der Fall. Siehe dazu auch Carl Waßmuth (2010): Chaos als Normalzustand, in: Lunapark21, Heft 9; www.gemeingut.org.

Konflikte mit Radfahrenden mehren sich dort, wo die nichtmotorisierten Verkehre formal oder faktisch zusammengedrängt werden. Auf Gehwegen und in Fußgängerzonen müssen sich Kinder und Erwachsene frei bewegen können. Zufußgehen sollte angstfrei erfolgen, unbelastet von einer Pflicht, ständig hinter sich sehen zu müssen, ob einer von dort schnell nahender Gefahr ausgewichen werden muss. Das bedeutet auch, dass Fußgänger auf ihren Wegen jederzeit gefahrlos ausscheren oder stehen bleiben dürfen. Mischverkehr mit dem Fahrrad darf nur dort eingerichtet werden, wo er unter dieser Bedingung keine zusätzlichen Risiken hervorruft, eventuell ist er zu begrenzen auf langsame Radfahrer. Ist der Platz dafür zu eng oder zu unübersichtlich, sind Fußverkehr und Radverkehr zu trennen. Explizite und auch faktische Radschnellwege (entlang großer Verkehrsachsen) sind generell abzutrennen.

E-Roller sollten scharf in ihre Schranken gewiesen werden. Sie konterkarieren das Ziel, von den motorisierten Verkehren wegzukommen, ihre Ökobilanz ist ebenso verheerend wie ihre Unfallstatistiken. In vielen Innenstädten liegen die Roller (und stationsfreie Leihräder) zudem kreuz und quer über den Gehwegen. Bremen hat gezeigt, dass dieses Chaos unterbunden werden kann. Roller und Leihräder müssen nach dem Einkaufswagenprinzip an feste Stationen gebracht werden, wild herumliegende Zweiräder werden kostenpflichtig entsorgt, nachlässige Anbieter bekommen die Lizenz entzogen. Ordnungsdienste fischen E-Roller-Raser von Gehwegen, aus Parks und Fußgängerzonen.

Einem eventuell vorhandenen unguten Gefühl gegenüber Bedrohungen aus dem Auto- und Lkw-Verkehr ist nicht so einfach beizukommen. Der Anteil der Unfälle mit Todesfolge von Fußgängern bei Verkehrsunfällen innerhalb von Ortschaften ist seit 2010 gestiegen: von rund 33 Prozent auf 37 Prozent in 2016. Der Anteil der schwerverletzten Fußgänger stagniert bei ca. 20 Prozent. Zufußgehen ist also durchaus gefährlich, auch wenn Fahrten mit dem Auto statistisch gesehen noch 47 Mal gefährlicher ist. In jedem Fall gibt es ein Bündel von Maßnahmen, die die Sicherheit nachhaltig verbessern und die zügig umgesetzt werden sollten. Autofreie Bereiche oder sogar autofreie Innenstädte und ausgeweitete Tempo-30-Zonen würden jährlich Dutzende Menschenleben retten. Aber auch Baumaßnahmen können die Sicherheit und auch das Sicherheitsgefühl verbessern, indem sie die Übersicht verbessern, Gefahrenbereiche entzerren und große Fahrzeuge entschleunigen.

5.
Das Potenzial des Radelns ist gewaltig. Der Fahrradverkehr kann verdreifacht werden

Radfahren war mehr als ein halbes Jahrhundert lang weitgehend in Vergessenheit geraten. In der Verkehrsplanung galt es als Auslaufmodell. Die Fahrradtechnik blieb ebenfalls rund ein halbes Jahrhundert lang weitgehend auf ein- und demselben Niveau. Doch seit gut zwei Jahrzehnten gibt es einen Radfahr-Boom. Und ein paar Dutzend Städte, in denen sich der Fahrradverkehr zur mit Abstand wichtigsten Verkehrsart entwickelt hat. An diesem Boom gilt es anzusetzen. Das Potenzial des Fahrradverkehrs ist noch lange nicht ausgeschöpft – schon gar nicht in Deutschland. Radeln ist stadtfreundlich. Es fördert die Gesundheit und ersetzt Fitnessstudio-Kosten. Und es ist so gut wie klimaneutral.

Der Anteil der Fahrradwege erreicht in manchen Städten bereits 40 und mehr Prozent. Das verdeutlichen Städte wie Kopenhagen, Utrecht, Amsterdam, Nijmwegen und Münster. In Kopenhagen liegt inzwischen der Anteil der Wege, die mit dem Rad zurückgelegt werden, bei gut 45 Prozent. Und dies trotz relativ vieler Regentage im Jahr, also durchaus bei »Sonne, Wind und Wetter«.[48] Absolut in Führung

48 »Im neuesten Fahrradbericht [für die dänische Hauptstadt Kopenhagen; d. Verf.] steht, dass [...] vergangenes Jahr zum ersten Mal seit 1970 mehr Fahrräder in der Innenstadt gezählt hat als Autos. Gesamtlänge des Radwegenetzes: 375 Kilometer. [...] Durchschnittliche Geschwindigkeit der Radelnden: 16,3 Kilometer in der Stunde.« Nach: Silke Bigalke: Ich lenke, also bin ich, in: Süddeutsche Zeitung vom 8. Juni 2017. Die CO_2-Emissionen in Kopenhagen sanken allein im Zeitraum 2010 bis 2019 um 9% – vor allem als Folge der Verkehrspolitik, die Radeln, Zufußgehen und den ÖPNV priorisiert. Siehe Anouk Mayadoux / Stefan Lieb: Klimaschutz in Köln, Kopen-

liegt das Rad dort bei den Wegen ins Büro, in die Fabrik, in Schulen und Unis. In einem aktuellen Bericht heißt es dazu: »In Kopenhagen radeln inzwischen 62 Prozent der Bürger jeden Tag zur Arbeit oder zur Schule. Nur mehr neun Prozent fahren mit dem Auto.« Gefragt, warum das in Kopenhagen so sei, antwortete Morten Kabell, als Umweltbürgermeister von Kopenhagen lange Zeit zuständig für die Fahrradpolitik: Nein, die Kopenhagener radelten eher nicht wegen eines schlechten Umweltgewissens. »Sie radeln ganz einfach deshalb, weil es heute die schnellste und bequemste Art ist, hier vorwärts zu kommen.« Aus dem Bericht geht auch hervor: Es ist – anders als in den meisten anderen europäischen Städten – eine sehr sichere Art, sich durch die dänische Hauptstadt zu bewegen.[49] Mit Folgen für die Beliebtheit: Kopenhagen wurde von der Redaktion des »Lonely Planet« jüngst zur »sehenswertesten Stadt der Welt« gekürt.

Das hat Auswirkungen bis in Einzelaspekte hinein. Fahrradfahren mit Helm? Grundsätzlich eher nicht, das finden die Niederländer. Bei der radelnden Nation kann folgendes beobachtet werden: »Es ist eklatant, wie gelassen es zugeht auf den niederländischen Radwegen. Das Phänomen Kampfradeln ist hier unbekannt. Deswegen meint man auch, komplett auf Fahrradhelme verzichten zu können. Selbst König Willem Alexander fuhr oben ohne bei der Eröffnung [einer Velo-City-Konferenz]. ›Der Wind muss frei durchs Haar wehen‹, heißt die Devise, auch bei Kälte und Regen. Über die unbequeme Sitzhaltung, die sich viele Deutsche [beim Radeln] glauben antun zu müssen, wundern sich die Niederländer übrigens. Sie sind sich sicher, dass man aufrecht entspannter zum Ziel kommt.«[50]

---

hagen und Hannover, in: mobilogisch! Zeitschrift für Ökologie, Politik und Bewegung, Nr. 1/2018, S. 21 ff.

49 Kai Strittmatter: Blaupause für die Fahrradstadt, in: Süddeutsche Zeitung vom 17. Januar 2019.

50 Thomas Kirchner: Ernst nehmen, locker bleiben, Was deutsche Verkehrspolitiker vom Fahrradparadies Niederlande lernen können, in: Süddeutsche Zeitung vom 26. Juni 2017. Siehe generell zu dem Aspekt: Heiner Monheim: Wege zur Fahrradstadt. Analysen und Konzepte, Bad Homburg 2017.

Solch hohe Anteile des Fahrradverkehrs galten in Europa vor 20 Jahren noch als absolut unrealistisch. Hätte man sie als fortschrittlicher Verkehrspolitiker propagiert, hätte man sich der Lächerlichkeit preisgegeben.[51] Wobei so viel Radverkehr Mitte der 1990er Jahre in den chinesischen Großstädten noch gelebte, geradelte Wirklichkeit war. Im Fall China ist die Entwicklung besonders tragisch. Denn hier gab es die radikale Veränderung – das weitgehende Aus für den Fahrradverkehr als Massenverkehrsmittel und den Aufstieg von Auto, Moped und Motorrad – innerhalb von ein- und derselben Generation.

In Deutschland gab es allerdings auch schon einmal vergleichbar flächendeckend hohe Radverkehrsanteile. Einen Höhepunkt erreichte der Fahrradverkehr Ende der 1920er Jahre. Damals gab es schlicht noch kaum Autoverkehr. Das wirft ein Licht darauf, was möglich ist, wenn es gelingt, in Regionen und Städten weitgehend auf den Autoverkehr zu verzichten. Die erforderliche Infrastruktur gibt es bereits: Wenn wir endlich auf unseren Straßen sicher Radfahren können, brauchen wir keine neuen Radwege mehr. Das zugehörige Netz hat inklusive der ländlichen Wege bereits 1,8 Mio. km! Radverkehr benötigt stattdessen dringend hochwertige Abstellplätze, insbesondere in der unmittelbaren Nähe von Bahnhöfen und Haltestellen.

Eine sehr umwelt- und ressourcenschonende Art zu verreisen ist die Kombination von Fahrrad und Zug, auch bike-train-bike genannt. Aktuell ist bike-train-bike aber noch eine Nische. Damit diese Art zu reisen breit angenommen wird, muss sie komfortabel sein und nahtlos erfolgen. Beides ist meist noch nicht gegeben. Eine Idealreise

---

51 1986 wurde in dem Buch »Eisenbahn und Autowahn« von W. Wolf bei den alternativen Verkehrsszenarien noch ein Fahrradwegeanteil in Städten von maximal 20 % als möglich unterstellt. Das war damals bereits eine Verdopplung der bestehenden Anteile (Hamburg 1986, S. 557). Zwanzig Jahre später – etwas mutiger geworden – wurden in der Publikation »Winfried Wolf: Verkehr. Umwelt. Klima« 25 % Fahrradwegeanteile in Städten als möglich eingeschätzt (Wien 2009, S. 395). Die 1986 und 2007 erwarteten Radwegeanteile galten als Phantasterei. Inzwischen haben wir, gemessen an den Fahrradverkehr-Musterstädten Münster, Nijmwegen und vor allem Kopenhagen, die Verdopplung der Verdopplung.

könnte so aussehen: Im Kauf der Zugfahrkarte ist auch die Radmiete vor Ort und ein Gepäcktransfer inbegriffen. Am Vortag der Abreise kommt ein (Fahrrad-)Kurier und holt größere Gepäckstücke ab. Mit nur leichtem Reisegepäck geht es dann am nächsten Tag auf gut ausgebauten Radwegen zum Bahnhof. Dort können die Räder entweder zum Einladen in den Fahrradtransportwagen der Bahn abgegeben oder in speziellen Radabstellplätzen trocken und sicher abgestellt werden. Am Zielbahnhof können nun Mieträder oder die mittransportierten eigenen Fahrräder in Empfang genommen werden. Damit geht es zum Zielort der Reise, etwas später wird das Großgepäck gebracht, natürlich von einem Cargo-Rad.

Die Pedelec-Technik macht es möglich, dass das Radeln auch in Städten mit mehr Steigungen wie zum Beispiel in Stuttgart zum Massenereignis werden könnte. Pedelecs haben stetig steigende Absatzzahlen, 2020 liegt der Bestand schon bei rund 4 Millionen. Bei gleichbleibenden Verkaufszahlen ist zu erwarten, dass 2025 schon acht Mio. E-Bikes in Deutschland gefahren werden (ca. 11 % aller Fahrräder).[52] Ein wichtiger Grund für diesen Erfolg ist, dass mit E-Bikes die Reichweite im Radverkehr pro Weg entscheidend vergrößert wurde. Täglich zweimal 10 bis 15 km mit dem Fahrrad zurückzulegen, war bis dato nur etwas für sportlich ambitionierte Radler, die anderen fuhren hierfür oft Auto. Jetzt können einige dieser Autofahrten entfallen. Wobei das hohe Gewicht der Pedelecs und der Preis zwischen 2.500 und 3.000 Euro weiterhin Menschen von der Nutzung ausschließen: Wer sein Pedelec in den Keller tragen müsste, um es vor Diebstahl zu schützen, wird die Anschaffung scheuen. Hier könnten die Entwicklung von günstigeren, einfacheren Modellen sowie Kaufpreissubventionen helfen.

Der Radverkehr profitiert in Deutschland dabei bisher nicht vom allgemeinen Trend des Rückganges der Unfälle mit Personenschaden, es gibt jedes Jahr konstant viele Tote und Schwerverletzte. Man

52 Zweirad-Industrie-Verband 2014/2017: Jahresbericht, Mitglieder und Kennzahlen 2014/2017.

könnte vermuten, die zunehmende Beliebtheit des Radelns erfolgt vielerorts nicht wegen einer besonderen Förderung, sondern trotz weiterhin großer Vernachlässigung des Radverkehrs durch Bund, Länder und Kommunen.

Was kann getan werden, um den Radverkehr flächendeckend auf Werte wie in Kopenhagen zu bringen? Das größte Hindernis für mehr Radverkehrsanlagen war in der Vergangenheit die Straßenverkehrsordnung (StVO), die den Autoverkehr so nachhaltig und persistent bevorzugt, dass das selbst die gutwilligsten Planer in Verzweiflung und Wutausbrüche treibt. Die zugehörigen Genehmigungsverfahren und Umbauzeiten dauern derart lange, dass bei Beibehaltung des bisherigen Tempos der Radverkehr noch Jahrzehnte im Hintertreffen bliebe.

Natürlich sollten, wo irgend möglich, schon heute von den Kommunen Radwege, Radfahrstreifen und Schutzstreifen geplant und eröffnet werden. Dabei sollte unbedingt gleich auch auf langfristig ausreichende Dimensionen geachtet werden – die gesetzlichen Mindestmaße werden erfahrungsgemäß durch den schnell wachsenden Bedarf bald an ihre Grenzen gebracht; es sollte grundsätzlich immer gleich mehr Platz eingeplant werden. Seit 1997 können eigene Fahrradstraßen ausgewiesen werden. Davon sollte umfangreich Gebrauch gemacht werden, idealerweise als Vorfahrtsstraße. Oft bieten sich Wohnstraßen an, die parallel zu Hauptstraßen verlaufen. Poller können Durchgangsverkehr unterbinden und gleichzeitig Müllabfuhr und Taxis den Zugang weiterhin ermöglichen.

Darüber hinaus aber muss die Straßenverkehrsordnung von Grund auf novelliert oder sogar durch ein neues, klimagerechtes Gesetz ersetzt werden. Beispielhaft nur einige Punkte, die im Interesse der Fahrrad-Verkehrswende erforderlich sind: Die Benutzungspflicht von Radwegen ist abzuschaffen. Bedingungen zur Einrichtung geschützter Radstreifen müssen geschaffen werden. Ein Spurwechsel ist dann verpflichtend einzuführen, wenn Autos Fahrräder überholen wollen. Einbahnstraßen sollten grundsätzlich von Rädern in Gegenrichtung befahren werden dürfen.

Ein wirklich zukunftsweisender Effekt könnte erzielt werden durch autofreie Innenstädte. »Radwege statt Elektroautos« – so war jüngst ein Artikel in der *Frankfurter Allgemeinen Zeitung* überschrieben. »Ein Auto ohne Auspuff, das einen Radweg blockiert, ist nicht besser als ein Benziner«, so wird dort Michael Schroerer vom Allgemeinen Deutschen Fahrrad-Club (ADFC) zitiert.[53] Mit autofreien Innenstädten würden ohne die Verpflichtung zu zahllosen Einzelfallregelungen die Straßen frei für klimaneutrales Radeln. Man kann hier mit kleineren Zonen beginnen und die Zonen dann in weiteren Schritten ausweiten.

Auf alle Fälle ist es sinnvoll, sich Vorbildstädte anzusehen und diesen Vorbildern nachzueifern oder nachzuradeln. Denn die Unterschiede bei der Nutzung des Fahrrads in einzelnen Städten sind enorm. In Chemnitz liegt der Anteil der Radwege bei traurigen 4 Prozent. In Stuttgart sind es mit 5 Prozent nicht viel mehr. Sehr viele deutsche Städte weisen immer noch niedrige Radwegeanteile auf, die zwischen acht und zwölf Prozent liegen. In Oldenburg und Münster sind es dann 43 bzw. 39 Prozent.

Von Münster ist es nur ein Katzensprung bis nach Groningen. Und den tat der Münsteraner Oberbürgermeister Markus Lewe Anfang 2019. Er informierte sich in der niederländischen Fahrradhochburg mit einem 60-Prozent-Radwege-Anteil darüber, was man in Münster noch alles besser, noch fahrradfahrerfreundlicher, machen kann. Dort wurde ihm unter anderem ein Straßenschild mit der Aufschrift »fietsstraat – auto te gast« – »Fahrradstraße – Auto zu Gast« gezeigt. Auf diesem im blauen Grundton gehaltenen offiziellen Verkehrsschild ist im Vordergrund ein Fahrradfahrer abgebildet, der in der Straßenmitte radelt; hinter demselben ein Auto. Und wie das so ist in Deutschland, der Münsteraner OB war sich unsicher, ob »sowas« denn geht. Aus einem Bericht: »Oberbürgermeister Lewe gefällt diese Prioritätensetzung. Sowas würde der Christdemokrat gern in Münster machen. Er fragt den Mann neben ihm, ob es gesetzlich

53 In: Frankfurter Allgemeine Zeitung vom 29. März 2019.

erlaubt sei, solche Schilder in Deutschland aufzustellen. ›So eine Beschilderung dürftest du machen‹, sagt Burkhard Stork. Er ist Bundesgeschäftsführer des Allgemeinen Deutschen Fahrrad-Clubs (ADFC) und kennt sich mit der Straßenverkehrsordnung bestens aus. Lewe nickt zufrieden.«[54]

---

54 Kristian Frigelj: Das Rad soll das Auto verdrängen – Münster plant ein verkehrspolitisches Experiment – und nimmt sich Groningen als Vorbild, in: Die Welt vom 2. Februar 2019.

6.
Der Öffentliche Personennahverkehr muss gestärkt und ausgebaut werden

Die Öffis, die Verkehrsmittel des Öffentlichen Personennahverkehrs (ÖPNV), müssen deutlich gestärkt, der Investitionsstau abgebaut und das gesamte System erheblich ausgebaut werden. Diese notwendige ÖPNV-Offensive spielt in dem Verkehrswendeprogramm eine wichtige Rolle. Nur als Dreiklang zusammen mit Verkehrsvermeidung und Verkehrsverlagerung ergibt der ÖPNV-Ausbau Sinn. In einen solchen Zusammenhang gestellt, muss der Öffentliche Personennahverkehr in denjenigen Regionen, in denen er bislang in einigermaßen befriedigendem Umfang präsent ist, nur um rund 30 bis 50 Prozent ausgebaut werden. Horrorzahlen hinsichtlich »nicht bezahlbarer ÖPNV-Mehrausgaben« erübrigen sich.

Die Verkehrssituation in den Städten ist für die Bevölkerung und mit Blick auf Umwelt und Klima inzwischen unerträglich. Der Autoverkehr hat vor allem in den letzten eineinhalb Jahrzehnten kontinuierlich zugenommen. Die Angaben zu den Verkehrsmarkt*anteilen* (»modal split«), die die Debatten prägen, sind hier wenig zielführend. Ein hoher »Anteil« des ÖPNV und des nichtmotorisierten Verkehrs und ein eher geringerer »Anteil« des Pkw- und Lkw-Verkehrs sagen wenig über die *absolute* Zahl der Pkw in einer Stadt und über die *tatsächlich zurückgelegten* Kilometer im motorisierten Individualverkehr und über die realen Belastungen für Mensch, Umwelt und Klima. Grundsätzlich stieg der motorisierte Straßenverkehr in den vergangenen Jahren in allen Städten an (auch wenn in einigen Städten der Anteil des Motorisierten Individualverkehrs [MIV] rückläufig oder stagnierend war). Die Pkw-Dichte – die Zahl der Pkw je 1000 Einwohner – lag in Deutschland 2010 bei 504 Autos. Das heißt, damals bereits hatten alle Einwohner, Greise und Säuglinge inbegriffen, Platz auf den beiden Vordersitzen der Autos. 2020 liegt die Pkw-Dichte bereits bei 570 Pkw je 1000 Einwohner – sie stieg in nur einem Jahrzehnt um 13 Prozent. Das gilt auch für den innerstädtischen Verkehr. Die Belastung durch den Autoverkehr steigt in so gut wie allen Städten. Die Zahl der Pkw in Berlin – immerhin einer Stadt, in der auch 2020 noch jeder zweite Haushalt *kein* Auto hat – stieg im zuletzt genannten Zeitraum 2010 bis 2020 von 1,106 Millionen auf mehr als 1,2 Millionen.

Der Öffentliche Personennahverkehr wird in den aktuellen Debatten meist als eine Erfolgsstory dargestellt. Berichtet wird über ein regelmäßiges Wachstum. Tatsächlich ist das Bild differenziert und die Gesamtbilanz eher negativ. Im Zusammenhang mit Ausgliederungen, Privatisierungen und Wirtschaftskrise kam es 2005 bis 2012 zu einem Abbau der ÖPNV-Angebote. Seither gibt es wieder ein bescheidenes Wachstum, vor allem der Fahrgastzahlen. Zwar stieg der Anteil des ÖPNV bei der Verkehrsmittelwahl im Zeitraum 2002 bis 2017 von 15 auf 19 Prozent. Im gleichen Zeitraum fiel der Anteil des Pkw-Verkehrs von 79 auf 75 Prozent. Doch im gleichen Zeitraum wuchs der Motorisierte Individualverkehr (MIV) absolut weiter an.[55] Die Autolobby hat sich den neuen Moden angepasst und mit »freiem Carsharing«, Uber und günstigen Leasing-Pkw Angebote in den Verkehrsmarkt eingeführt, die den öffentlichen Nahverkehr schwächen.[56]

55 Diese Angaben beziehen sich auf die Leistung in Personenkilometern (dabei MIV-Fahrer und MIV-Mitfahrer addiert). Bei den Wegen/Fahrten sieht die Bilanz etwas besser aus. Hier stieg der Anteil des öffentlichen Verkehrs im genannten Zeitraum von 21 auf 27 %. Derjenige des MIV (inkl. MIV-Mitfahrer) sank von 60 auf 57 %. Angaben nach: Infas/DLR 2018 und Bundesinstitut für Bau-, Stadt- und Raumforschung, Konzepte für den Stadtverkehr der Zukunft, 08/2019, S. 24.

56 In Berlin will Daimler (in Kooperation mit der BVG) das Projekt »Berlkönig« betreiben; in Hamburg und Hannover betreibt VW »Moia« (in Koope-

Die jahrzehntelange Unterfinanzierung des ÖPNV hat zu einem enormen Investitionsstau geführt. In den Worten des Präsidenten des Deutschen Städtetags: »Akut notwendig ist zunächst eine Investitionsoffensive von Bund und Ländern mit zusätzlichen Mitteln von 20 Milliarden Euro für mindestens zehn Jahre, also zwei Milliarden Euro jährlich, um den Wandel zu nachhaltiger und umweltgerechter Mobilität zu ermöglichen.«[57]

Diese Situation erfordert eine grundsätzliche Neuorientierung. Notwendig ist die vom Städtetag geforderte Investitionsoffensive, ein Abbau des Investitionsstaus und darüber hinaus ausreichende Finanzmittel, um den notwendigen ÖPNV-Ausbau – und damit eine deutliche Verlagerung von Pkw-Verkehr auf Öffis – zu ermöglichen.

Die wesentlichen Verkehrsmittel des Öffentlichen Personennahverkehrs sind Straßenbahnen (Stadtbahnen), S-Bahnen, U-Bahnen, Teile des übrigen Schienenpersonennahverkehrs in Form der Eisenbahn und die Busse. Der Ausbau dieser unterschiedlichen Systeme – die U-Bahn ausgenommen (siehe unten) – muss in ausgewogener Weise und von Region zu Region unterschiedlich gewichtet vorgenommen werden. Dabei gibt es einige Aspekte, die allgemein Gültigkeit haben.

---

ration mit der Hamburger Hochbahn bzw. der Üstra). Das sind Sammeltaxen, die billiger sind als Taxis und teurer als der ÖPNV. Sie operieren in Stoßzeiten mit einem Preisaufschlag. Sie konzentrieren sich auf die Innenstadtbereiche, da es dort ein hinreichend großes Aufkommen an Fahrgästen mit ähnlichen Wegen zur gleichen Zeit gibt. Diese Alternative ist also weniger für Menschen ohne eigenes Auto in schlecht angebundenen Regionen, sondern Konkurrenz zum überfüllten ÖPNV in den Metropolen. Je stärker diese Fahrdienste genutzt werden, umso geringer ist der Druck für einen anständig ausgebauten ÖPNV. Die Strategie, sich durch »ergänzende« Angebote zu moderaten Preisen am Markt zu etablieren, macht Druck sowohl auf die Taxifahrer (öffentlich regulierte Preise und Beförderungsrichtlinien) als auch auf den Bestand und den Ausbau des öffentlich finanzierten Nahverkehrs.

57 Pressemitteilung des Deutschen Städtetags vom 22. Juni 2018. Damals war der Oberbürgermeister der Stadt Münster, Markus Lewe, Präsident dieses Gremiums. Er ist inzwischen Vizepräsident; seit 6. Juni 2019 ist Burkhard Jung, der OB der Stadt Leipzig, Präsident des Städtetags.

Tram bevorzugt | Oberirdisch geführte, schienengebundene Verkehrsmittel (S-Bahnen und Straßenbahnen) haben bei den Fahrgästen in der Regel die höchsten Akzeptanzquoten. Man sieht etwas von der Stadt und Umgebung, was nicht nur von Touristen geschätzt wird. »Wo wir fahren, lebt Zürich« – so lautet der richtungsweisende Wahlspruch der Züricher Tram. Eine systematische Förderung der Straßenbahn, der Ausbau bestehender Straßenbahnsysteme und die Neu- bzw. Wiedereinführung von Straßenbahnen sind daher zentraler Bestandteil der Öffi-Offensive.

Das Potenzial von Straßenbahnen wird dabei systematisch unterschätzt.[58] Eine Tram kann in Städten ab 30.000 Einwohnern bereits das ÖPNV-Mittel der Wahl sein.[59] In Großstädten sollten Straßenbahnen in jedem Fall das Rückgrat des öffentlichen Verkehrs bilden. Das heißt, die Wiedereinführung der Straßenbahn sollte in vielen Städten, wo es eine keine Tram mehr gibt, ernsthaft geprüft werden. Oft kann man bei solchen Vorschlägen auch daran ansetzen, dass es eine solche Straßenbahn in der betreffenden Stadt bereits einmal gegeben hat und dass diese sich enormer Beliebtheit erfreute. In Städten wie Wesel, Marburg an der Lahn, Ravensburg (in Oberschwaben) oder Hamburg spielt dieses Argument bereits heute in den verkehrspolitischen Debatten eine erhebliche Rolle.

---

58 Beispielsweise taucht in den »12 Thesen – Mit der Verkehrswende die Mobilität von morgen sichern« (Berlin, September 2017) der Gruppe »Agora-Verkehrswende« die Straßenbahn im Text selbst erst gar nicht auf. Nur in einer Grafik wird sie kurz abgebildet. Auch in der Studie »Verkehrswende für Deutschland – Der Weg zu CO_2-freier Mobilität bis 2035«, erstellt im Auftrag von Greenpeace durch das Wuppertal Institut im August 2017, werden Straßenbahnen nur an einer Stelle erwähnt – und dies mit einer Zeile, die dann noch aufs Ausland verweist und lautet »Dass der Ausbau der Systeme auch in kurzer Zeit möglich ist, lässt sich an der Renaissance von Straßenbahnen (etwa in Frankreich und den USA) [...] beobachten« (dort S. 37).

59 In Deutschland haben auch kleinere Städte wie Görlitz, Zwickau, Dessau, Halberstadt, Gera und Nordhausen eine Tram, teilweise muss man sagen: diese haben *noch* eine Straßenbahn. Ihre Existenz ist oft aufgrund ihrer mangelnden Förderung durch die Verkehrspolitik bedroht.

Berlin ist ein typisches Beispiel dafür, dass eine Tram-Stadt eine Traum-Stadt sein kann. Berlin hatte Ende der 1920er Jahre und weitgehend noch in den 1950er Jahren ein sehr großes Straßenbahnnetz. Auf dem Höhepunkt hatte dieses eine Gesamtlänge von 634 Kilometern. Ende der 1920er Jahre hatte die Stadt mit 4,5 Millionen Einwohnern eine größere Bevölkerung als heute. Die Straßenbahn war damals das Rückgrat des öffentlichen Verkehrs. Von den knapp 2 Milliarden Fahrgästen, die die Berliner Verkehrsgesellschaft [BVG] damals hatte (heute sind es 1,6 Milliarden), entfiel fast die Hälfte auf die Tram. Pkw spielten im Personenverkehr faktisch keine Rolle. Dennoch – oder auch gerade deshalb – war die damalige Großstadt Berlin – neuerdings in der Serie »Babylon Berlin« gehypt – hochmobil; es war eine bedeutende Kulturstadt.[60] Heute verfügt die Tram in Berlin nur noch über ein Netz mit rund 190 Kilometern Länge. Dieses konzentriert sich immer noch zu mehr als 90 Prozent auf den Ostteil der Stadt. Der Anteil der Tram an den Fahrgastzahlen liegt bei weniger als 15 Prozent. Es gelang nach der Wende entgegen vielen Versprechungen nur, ein paar wenige Trambahn-Netz-Kilometer in das (alte) Westberlin hinein zu realisieren.[61] Die Initiative »Pro Straßenbahn Berlin« hat ein Tram-Netz erarbeitet, das wieder ganz Berlin erschließt. Die Gesamtlänge würde danach 2050 wieder 490 km betragen.[62]

S-Bahnen und Regionalbahn | Die Fahrgastzahlen der S-Bahnen und Regionalbahnen konnten in jüngerer Zeit deutlich gesteigert werden. An diesem positiven Trend muss angeknüpft werden. Der weitere Ausbau von S- und Regionalbahnen ist zu fördern. Auch in

60 1929 gab es im öffentlichen Verkehr Berlin 1,928 Milliarden Fahrgäste. Auf die Straßenbahn entfielen 929 Millionen (oder 48,2 %), auf die Hoch- und U-Bahn und auf die Busse jeweils 277 Millionen (jeweils 14,3 %) und auf die S-Bahn 445 Millionen (23,1 %). Zum selben Zeitpunkt gab es gerade mal 48.000 »Personenkraftwagen«. Nach: Berlin in Zahlen, herausgegeben vom Statistischen Amt der Stadt Berlin, Berlin 1947, S. 216.

61 Siehe: Winfried Wolf: Berlin – Weltstadt ohne Auto. Eine Verkehrsgeschichte 1848–2015, Köln 1994, S. 137 ff.

62 Siehe: www.prostrassenbahn-berlin.de.

diesem Bereich gibt es einen massiven Investitionsstau; der komplette Ausfall von S-Bahnen in Berlin ist inzwischen Verkehrsalltag. Ein Armutszeugnis ist dann die im Sommer 2018 entwickelte Idee der S-Bahn Berlin GmbH, S-Bahn-Züge im Fall von Verspätungen einfach nicht mehr an jeder Haltestelle stoppen zu lassen.

Die S-Bahn ist integraler Bestandteil der Deutschen Bahn AG. Über diese sagen die Politiker von CDU, CSU, SPD und Grünen seit vielen Jahren, eine Privatisierung sei »vom Tisch«. Nun gab es in jüngerer Zeit ausgerechnet bei der S-Bahn neue Privatisierungsversuche – so Ende 2018 praktiziert durch den rot-rot-grünen Senat von Berlin. Sollten solche Privatisierungsmodelle auch nur in Teilen verwirklicht werden, so wäre dies ein massiver Rückschlag für die Verkehrswende. Privatisierungen führen in jedem Fall zu einer Schwächung des Gesamtsystems, was in der Ära Mehdorn für die Deutsche Bahn AG – und damals bereits für die S-Bahn-Berlin – in erschreckender Deutlichkeit demonstriert wurde, mit anhaltenden Folgen bis zur Gegenwart.

U-Bahn | Ein weiterer Bau von U-Bahnen hat keinen Platz in einem Verkehrswendeprogramm. Vor allem die Tram ist der U-Bahn vorzuziehen. Ein Straßenbahnkilometer kostet maximal ein Viertel eines U-Bahn-Kilometers – bei weitgehend gleicher Transportkapazität. Moderne Straßenbahnen sind im Übrigen entgegen der landläufigen Meinung meist auch ebenso schnell wie unterirdisch geführte Stadtbahnen. Die höhere Geschwindigkeit der U-Bahn von Haltestelle zu Haltestelle wird aus Sicht der Fahrgäste dadurch aufgefressen, dass der Haltestellenabstand bei U-Bahnen in der Regel rund doppelt so groß ist wie derjenige bei Trambahnen. Die Fußwege zu den Stationen und von diesen zum Zielort, zumal in den Untergrund und aus diesem wieder hoch, erfordern zusätzliche Zeit (und Kraft). Vor allem aber ist der Mensch kein Maulwurf.

Busse | Busse befördern im aktuellen öffentlichen Verkehr gut 40 Prozent der Fahrgäste des gesamten ÖPNV-Verkehrs. Gemessen an der Personenkilometerleistung liegen sie hinter den schienengebundenen Verkehren (von S-Bahn, U-Bahn und Tram). Busse sind in kleineren Städten und in der Region und in großen Städten bei Linien mit relativ geringeren Fahrgastzahlen das Verkehrsmittel erster Wahl. Das gilt auch für Verkehre im Umland und auf regionalen Strecken, wo es keinen schienengebunden Verkehr gibt. Diese Bus-Netze müssen weiter ausgebaut werden. Allerdings sollte immer geprüft werden, ob eine Verlagerung von Busverkehren auf die Tram oder auf eine S-Bahn oder Regionalbahn in Frage kommt. Dies gilt insbesondere im Fall der zu erwartenden und angestrebten Steigerung der Öffi-Fahrgastzahlen.

Eine Umstellung von Dieselbussen auf emissionsarme und emissionsfreie Antriebe ist grundsätzlich sinnvoll. Dabei darf jedoch nicht das Kind mit dem Bad ausgeschüttet werden. Jede Verlagerung von Pkw-Verkehren auf Busse, auch wenn es sich dabei um Dieselbusse handelt, bringt eine massive Reduktion der Schadstoffmissionen mit sich. Wird die bestehende Dieselbusflotte mit SCR-Filtern ausgestattet, so reduzieren sich die Emissionen nochmals auf bis zu 10 Prozent. Die Umstellung von Dieselbussen auf Elektrobusse sehen wir kritisch: die geringe Tageslaufleistung von im Winter weniger als 200 Kilometern und der hohe Preis führen zu einer deutlichen zusätzlichen Belastung der – ohnehin angespannten – ÖPNV-Haushalte. Hinzu kommen Berichte über eine erhebliche Störanfälligkeit der bislang lieferbaren E-Busse. Man erhält für viel Geld nur wenige Busse; der Effekt der CO_2-Einsparung bei Batteriebussen ist mindestens fraglich. Auf alle Fälle muss vor einer Anschaffung von Elektrobussen die Umwandlung von ÖPNV-Systemen mit Dieselbussen in solche mit Trolley-Bussen (Oberleitungsbussen) geprüft werden.

Der Bund hat deutlich mehr Geld für den ÖPNV zugesagt. Allerdings führt die sogenannte Scheuer-Milliarde zu verstärkter Privatisierung, da das Geld vorwiegend in Bereiche fließen soll, die europaweit für private Betreiber geöffnet werden. Im Übrigen sind die Zusagen des Bundes zur Stärkung des ÖPNV zögerlich und unzureichend. So wurde im April 2019 vom Bund angekündigt, es werde eine »Nationale Koordinationsstelle Mobilität (NaKoMo)« eingerichtet. Dazu konstatierte der Deutsche Städtetag nüchtern: »Mangels Haushaltsmitteln konnte allerdings keine neutrale Geschäftsstelle eingerichtet werden. Ferner richtet sich das Angebot zunächst ausschließlich an Städte, in denen die Stickoxid-Grenzwerte überschritten werden. Auch hier erwartet der Städtetag Nachbesserungen.«[63]

63 Erklärung des Deutschen Städtetags vom 1. August 2019.

7.
Das Klimaziel lautet: Öffi-Nulltarif

Nachhaltige Mobilität im Nahverkehr mit öffentlichen Verkehrsmitteln sollte als Gemeingut anerkannt, von der Allgemeinheit finanziert und damit von den Bürgerinnen und Bürgern zum Nulltarif genutzt werden können. Was im Fall der Schulbildung seit einem Jahrhundert und im Fall eines Studiums seit einigen Jahrzehnten im Großen und Ganzen verwirklicht werden konnte, sollte auch für die Alltagsmobilität gelten. Das Gut wird von der gesamten Gesellschaft finanziert. Ein Zwischenschritt hin zum Nulltarif kann das 365-Euro-Jahresticket sein.

Die Bundesregierung ließ Anfang Februar 2018 die Bevölkerung wissen, man plane in ausgewählten Städten die Einführung eines ÖPNV-Nulltarifs.[64] In großer Aufmachung berichteten die Zeitungen unter Überschriften wie »Freie Fahrt für alle. Das klingt nach Revolution« (*Süddeutsche Zeitung*) oder »Können Gratis-Busse unsere Umwelt retten« (*Bild am Sonntag*). Dabei zielte die Initiative der deutschen Regierung vor allem darauf ab, Brüssel zu beruhigen und Fahrverbote für Diesel-Pkw in deutschen Städten abzuwenden. Aus den Nulltarifprojekten in den genannten Städten wurde dann nichts; nicht eine einzige Stadt prüfte ernsthaft ein solches Vorhaben. Der einleuchtende Grund: Die Bundesregierung bot diesen Städten keinerlei finanzielle Hilfe an. Sie tat dies bewusst nicht. Man wollte in Berlin nicht riskieren, dass ein solches Beispiel Schu-

64 Die Auswahl der Städte war einigermaßen speziell; die Einführung eines Nulltarifs sollte in Mannheim, Reutlingen, Herrenberg, Essen und Bonn »geprüft« werden. Es waren vor allem Städte, in denen ein Fahrverbot für Diesel-Pkw drohte.

le macht. Immerhin ergab zum gleichen Zeitpunkt eine von Peter Grottian in Auftrag gegebene repräsentative Umfrage, dass 71 Prozent der deutschen Bevölkerung einen ÖPNV-Nulltarif begrüßen würden.[65]

Das Ziel ÖPNV-Nulltarif – das man im Übrigen auch so nennen und schwer vermittelbare Begriffe wie »fahrscheinloser Nahverkehr« meiden sollte[66] – findet damit eine noch größere Zustimmung als das Tempolimit. Es könnte zu einem echten Hit im Rahmen einer Verkehrswendepolitik werden – wenn dieses Ziel popularisiert und offensiv aufgegriffen wird. 2018 gab es leider überwiegend Abwehrreaktionen. Der Chef des Verkehrsclubs VCD, Philipp Kosak, erklärte im *taz*-Interview: »Wenn man die Preise [im ÖPNV] auf Null setzte, wären die Busse und Bahnen heillos überfüllt. So geht das nicht.« Der Präsident des Verbandes Deutscher Verkehrsunternehmer (VDV), Jürgen Frenske, nannte den Nulltarif-Vorschlag »eine ganz schlechte Idee«. Und Frankfurts grüne Umweltdezernentin, Rosemarie Heilig, sagte, sie sei »total sauer«; der Nulltarif-Vorschlag sei »reine Augenwischerei«.[67]

Augenwischerei seitens der Bundesregierung – ja. »Schlechte Idee« – nein. Immerhin gibt es interessante Beispiele für ÖPNV-Nulltarif-Projekte, aus denen gelernt werden kann.

Templin | In dem brandenburgischen 16.000-Einwohnerort, 80 Kilometer nördlich von Berlin, gab es in den Jahren 1997 bis 2003

---

65 Eine von *Bild am Sonntag* bei Emnid in Auftrag gegebene andere Umfrage hatte ein vergleichbares Ergebnis. Ihr zufolge würden »67 Prozent die öffentlichen Verkehrsmittel stärker nutzen würden, wenn diese gratis wären.« In: Bild am Sonntag vom 18. Februar 2018.

66 Dass ein »Nulltarif im ÖPNV« etwas kostet, weiß natürlich jeder. Einprägsame Begriffe sind jedoch wichtig – und der Begriff »Nulltarif« ist seit Jahrzehnten etabliert und positiv besetzt. Deutschlands größter Brillenhersteller wirbt mit dem Slogan »Gleitsichtbrille zum Nulltarif«. Dabei weiß nicht nur jeder Klarsichtige, dass eine solche Brille nicht kostenlos ist.

67 Siehe taz vom 12. Februar 2018 und Frankfurter Rundschau vom 15. Februar 2018.

einen Nulltarif im öffentlichen Nahverkehr. Die Fahrgastzahlen schnellten von 41.000 auf bis mehr als 600.000 im Jahr 2001 hoch. Der Ex-Bürgermeister Ulrich Schoeneich berichtete gegenüber der *Süddeutschen Zeitung*: »Der Autoverkehr ging deutlich zurück. Der Feinstaub war unter Kontrolle.« Doch die Gemeinde konnte die Kosten nicht mehr tragen.[68] Es war gewissermaßen der Erfolg des Projekts, die Verfünfzehnfachung der Fahrgastzahlen, der das Aus herbeiführte. Wären der Gemeinde nur ein Teil der damit reduzierten externen Kosten des (damit reduzierten) Autoverkehrs zugeflossen, hätten die zusätzlichen ÖPNV-Kosten leicht getragen werden können.

Hasselt | In dieser belgischen Stadt mit 80.000 Einwohnern gab es volle 16 Jahre lang – zwischen 1997 und 2013 – einen Öffi-Nulltarif. Auch hier erhöhte sich die Zahl der Fahrgäste drastisch. Und auch in dieser mittelgroßen Stadt ging der Autoverkehr deutlich zurück; das sündhaft teure Projekt eines Stadtrings konnte aufgegeben werden. Seit 2013 müssen Fahrgäste, die älter als 19 Jahre und jünger als 65 Jahre alt sind, wieder für den ÖPNV bezahlen – wenn auch einen eher geringen Betrag. Für Junge und Ältere ist der ÖPNV weiter kostenlos. Der Grund für die Teilaufgabe des Öffi-Nulltarifs war derselbe, wie in Templin: die Kosten erschienen der Gemeinde als nicht mehr tragbar.

Talinn | In der estnischen Hauptstadt gilt seit 2013 ein ÖPNV-Nulltarif – begrenzt auf die Einwohner von Talinn. Bis 2019 stiegen die Fahrgastzahlen eher moderat – um knapp 15 Prozent bei den Bussen, allerdings »auf den innerstädtischen Zugverbindungen um ein Vielfaches«. In einer Broschüre der Bundestagsfraktion DIE LINKE heißt es dazu: »Problematisch ist das dortige Modell, weil es eben nicht für alle unentgeltlich ist und vor allem das Ziel verfolgt, die

68 M. Bauchmüller / M. Balser / M. Geier / C. Wernicke / F. Hassel / J. Kelnberger: Freie Fahrt für alle, in: Süddeutsche Zeitung vom 15. Februar 2018.

Anmeldung von Erstwohnsitzen zu erhöhen und damit die kommunalen Einnahmen auf Kosten der umliegenden Kommunen zu steigern.«[69] Bis 2019 war das Projekt für Talinn finanziell sogar ein Erfolg – aufgrund vieler Erstwohnsitz-Ummeldungen. Inzwischen, seit 2019, soll das Nulltarif-Projekt Schritt für Schritt auf das gesamte Land ausgeweitet werden. Hierzu gibt es noch keine Bilanz. Ein sehr spannendes Vorhaben findet in Luxemburg statt, wo seit März 2020 im gesamten Land ein Nulltarif in den öffentlichen Verkehrsmitteln gilt.[70]

Die Beispiele Templin und Hasselt dokumentieren, dass eher kleine Städte, zumal wenn sie auf sich allein gestellt sind, einen solchen Öffi-Nulltarif auf Dauer kaum stemmen können. Zu prüfen ist auch, ob diese Projekte mit ausreichend wirksamen begleitenden Maßnahmen verbunden waren. In Templin zum Beispiel war in der gesamten Zeit des ÖPNV-Nulltarifs das Pkw-Parken im Stadtgebiet kostenlos. Dabei bestünde eine sinnvolle Begleitmaßnahme und zugleich eine Teilfinanzierungsmöglichkeit darin, Pkw-Parkgebühren in angemessener – und parallel mit dem Erfolg des Öffi-Nulltarifs, in steigender – Höhe zu erheben. Das Talinn-Projekt scheint bisher erfolgreich zu sein. Sollte die Ausweitung des ÖPNV-Nulltarifs auf das gesamte Land Estland und dann Vergleichbares auch in Luxemburg gelingen, dann könnte dies den Durchbruch für die Öffi-Nulltarif-Idee in der EU darstellen.

Dass sich das reiche EU-Land Luxemburg ein solches Projekt leisten kann, ist möglicherweise noch nachzuvollziehen. Dass die eher nicht so reiche estnische Hauptstadt Talinn bereits im achten Jahr einen weitgehenden ÖPNV-Nulltarif realisieren kann, ist dann doch erstaunlich.

69 Mobilität für alle. Forderungen für einen attraktiven öffentlichen Verkehr, herausgegeben von DIE LINKE im Bundestag, Berlin 2013. Und: Carsten Schmiester: Freie Fahrt ist in Talinn nichts Neues, Deutschlandfunk vom 15. Februar 2018; www.deutschlandfunk.de.

70 Grüner Nahverkehr – so macht es das Ausland, heise online vom 13. August 2018.

Vor diesem Hintergrund wäre es angemessen, wenn in Deutschland die kostenlose Beförderung im öffentlichen Nahverkehr als ein großangelegter Modellversuch in Berlin gewissenhaft vorbereitet und dann umgesetzt werden würde. Nur diese westeuropäische Millionenstadt genießt das erwähnte Alleinstellungsmerkmal, dass jeder zweite Haushalt kein Auto hat. Was in der estnischen Hauptstadt Tallinn möglich ist, sollte auch in der Hauptstadt des reichsten EU-Flächenlandes machbar sein: In Deutschland beträgt das Pro-Kopf-Bruttoinlandseinkommen 38.000 Euro pro Jahr; in Estland sind es 15.800 Euro. Die Tatsachen, dass Berlin eine rot-rot-grüne Landesregierung hat und dass die Bevölkerung in den letzten Jahren durch die erfolgreiche Kampagne für einen Mietendeckel und vor allem durch die Mobilisierungen für die Enteignung der Wohnungskonzerne sensibilisiert und politisiert ist, sollten ebenfalls für ein Projekt »Öffi-Nulltarif in Berlin« sprechen.

Gegen einen ÖPNV-Nulltarif gibt es letzten Endes drei ernst zu nehmende Argumente. Erstens: »Was nichts kostet, ist nichts wert«. Zweitens: »Das führt zu übervollen Bussen und Bahnen«. Und drittens: »Nicht finanzierbar«.

Das Argument, in der bestehenden freiheitlich-demokratischen Grund- und Bodenordnung müsse alles, was Anerkennung finden sollte, auch ein Preisschild haben, ist nicht überzeugend. Bildung ist in Deutschland seit mehr als 100 Jahren »gratis«; Kultur wird massiv subventioniert. Dennoch ist die Wertschätzung für Ausbildung, Bildung und Kultur hoch. Auch Gesundheit ist in gewissem Sinn gratis; sie wird von der Allgemeinheit finanziert. Dennoch rennen die Leute nicht unnötig oft zum Arzt; die ärztliche Kunst genießt weiter hohes Ansehen. Man kann sogar umgekehrt sagen: Die Privatisierung und die Kommerzialisierung in diesen Bereichen (private Schulen, Privatpatienten usw.) hat zu einer »Zwei-Klassen-Gesellschaft« geführt, die kritisch gesehen wird und worunter zumindest das Ansehen der Ärzteschaft leidet.

Die oft vorgetragenen Befürchtungen, ein ÖPNV-Nulltarif würde einen nicht zu bewältigenden massiven Andrang auf ÖPNV-Angebote auslösen, ist dann berechtigt, wenn dieses Vorhaben isoliert, unvorbereitet und ohne Begleitung durch eine deutliche Ausweitung der ÖPNV-Angebote eingeführt wird. Eingebettet in einen umfassenden Verkehrswendeplan, bei dem unter anderem auch der nichtmotorisierte Verkehr deutlich ausgeweitet und begünstigt und der motorisierte Individualverkehr schrittweise zurückgedrängt wird, sollte dieses Argument in der Praxis entkräftet werden können. Es geht dann um eine Steigerung der Fahrgastzahlen um 30 bis 50 Prozent.

Natürlich kostet ein Nulltarif Geld. Doch auch dies ist erstaunlich überschaubar. Die gesamten ÖPNV-Einnahmen in Deutschland belaufen sich laut Angaben des Verbands Deutscher Verkehrsunternehmen (VDV) im Jahr auf rund 13,5 Milliarden Euro. Eine mit einem Nulltarif verbundene steigende Nachfrage um rund 30 bis 40 Prozent würde laut VDV weitere 5-6 Milliarden Euro an jährlichen Zuschüssen kosten. Damit liegen die Kosten für einen bundesweiten Öffi-Nulltarif bei rund 20 Milliarden Euro jährlich. Andere Angaben, von denen immer wieder zu lesen und zu hören ist, sind deutlich – und möglicherweise bewusst – überhöht. So, wenn der Chef der Kölner Verkehrsbetriebe behauptet, ein Nulltarif in Köln würde »rund eine Milliarde Euro pro Jahr« kosten.«[71]

Wobei es ja einige Positionen gibt, die gegenzurechnen sind und mit denen der genannte Betrag von 20 Milliarden Euro im Fall eines bundesweiten Öffi-Nulltarifs wieder reduziert werden würde. In einem solchen Fall entfallen die Ausgaben für die teuren Automaten und all die hohen Ausgaben für das gesamte Ticketing. Es entfallen die Ausgaben für all die Verfolgung von Schwarzfahren.[72] Überschlägig gerechnet dürften die damit entfallenden bisherigen ÖPNV-Kostenpositionen einen Betrag in Höhe von deutlich mehr

71 Peter Berger: Nulltarif kostet eine Milliarde, in: Kölner Stadt-Anzeiger vom 24. Januar 2020.

72 Es ist eine besonders ungerechte Regelung, dass Schwarzfahren – bei dem niemand gefährdet wird – eine Straftat ist, Falschparken auf Radstreifen etc. hingegen nur eine Ordnungswidrigkeit.

als einer Milliarde Euro ausmachen.[73] Ganz wichtig dabei ist: Es entfallen *nicht* Ausgaben für das Personal der öffentlichen Verkehrsbetriebe. Dieses Personal muss in der Zahl in Gänze erhalten und sogar noch aufgestockt werden. Nach Umsetzung eines Öffi-Nulltarifs besteht die Aufgabe dieses Personals – neben der Fahrer-Funktion – in der Beratung, in der Hilfeleistung und in der Präsenz, um die Sicherheit im öffentlichen Verkehr zu gewährleisten. Es ist ja genau umgekehrt wie behauptet: Nicht ein Nulltarif würde Personal abbauen – in den vergangenen drei Jahrzehnten wurden im gegenwärtig bestehenden System der öffentlichen Verkehrsmittel mehr als 30 Prozent des Personals abgebaut. Und dieser massive Personalabbau erfolgte in unverantwortlicher Art und Weise: Bahnhöfe ohne Personal, Haltestellen ohne Abfertigungspersonal, Automaten anstelle von Schaltern. Auf diese Weise wurde die Sicherheit im öffentlichen Verkehr drastisch gesenkt; dem Ansehen der Öffis wurde massiver Schaden zugefügt.

Zur Finanzierung des ÖPNV sollte in Deutschland eine Nahverkehrsabgabe für Unternehmen erhoben werden. Wien hat bereits 1970 eine Dienstgeberabgabe (U-Bahn-Steuer) eingeführt. In Frankreich wurden 2010 durch die Transportabgabe (versement transport) 44,2 Prozent der Ausgaben für den städtischen Verkehr bestritten. Dabei müssen Unternehmen ab zehn Mitarbeitern zwi-

73 Es gibt höchst verschiedene Abschätzungen dieser Beträge. Der Tübinger OB Boris Palmer schätzt z. B., dass ein Nulltarif in dieser Stadt (mit einer Bevölkerung von mehr als 90.000 Menschen) 15 Millionen Euro jährlich kosten würde (9 Mio. Euro als Ersatz für die entgangenen Fahrgeldeinnahmen und 6 Mio. Euro für den erforderlichen ÖPNV-Ausbau). Hochgerechnet auf die gesamte Bevölkerung ergibt dies einen maximalen Betrag von 15 Milliarden Euro (Süddeutsche Zeitung vom 15. Februar 2018). Die Kosten für die Schwarzfahren-Kontrolleure beziffert Berlin auf jährlich 14 Millionen Euro. Rechnet man diesen Betrag bundesweit hoch, kommt man auf solche Kosten für Schwarzfahren-Kontrollen von rund einer halben Milliarde Euro. (Nach: Antwort des Berliner Senats auf eine Anfrage des FDP-MdA Marcel Luthe; wiedergegeben in: Berliner Zeitung vom 10. Februar 2019. Ausführlicher: Klaus Meier: Sind ein ÖPNV-Nulltarif und eine ökologische Verkehrswende finanzierbar?, Ökosozialismus – Analyse und Perspektiven, Februar 2018.

schen 0,55 und 1,75 Prozent der Lohnsumme zur Förderung des ÖPNV entrichten.

Im Übrigen spricht viel dafür, vor dem Schritt Nulltarif den interessanten Weg zu gehen, den Wien und die meisten österreichischen Bundesländer beschritten haben. Vor sieben Jahren führte die österreichische Metropole das Ein-Euro-am-Tag-Ticket für die Jahreskarte ein. Der Erfolg ist, wie ein neidischer Blick aus München nach Wien zeigt, beeindruckend: »Bis heute [Mitte 2018; d. Verf.] sind aus einst 373.000 Jahres-Abonnenten 780.000 geworden. 2,6 Millionen Gäste befördern die Busse, U- und Straßenbahnen jeden Tag. Nur noch 27 Prozent der Wege durch die Beinahe-Zwei-Millionen-Stadt werden mit dem Auto gefahren, aber 39 Prozent mit den zärtlich ›Öffis‹ gerufenen Transportmitteln des Nahverkehrs – in München sind es nur 23 Prozent. ›Die Stadt gehört Dir‹, schmeichelt die PR-Abteilung der Wiener Linien ihren Benutzern nicht zu Unrecht. Zum Vergleich: Berlin mit knapp 3,5 Millionen Einwohnern verkauft für den Nahverkehr rund 450.000 Jahrestickets, das günstigste ist indes auch doppelt so teuer wie die Wiener Variante.«[74]

Bilanz | Ein Öffi-Euro pro Tag ist gut und genug. Nulltarif ist machbar. ÖPNV ist ein Gemeingut und muss für die Nutzerinnen und Nutzer kostenfrei werden.

74 Ralf Wiegand: Wien hat, was München gerne hätte, in: Süddeutsche Zeitung vom 14. September 2018

Infobox 1

Privatisierung des Schienenpersonennahverkehrs

Im Zuge der Bahnreform 1994 deregulierte der Bundestag – mit Gültigkeit ab 1. Januar 1996 – den Schienennahverkehr (SPNV) in den Bundesländern. Die Länder bekamen für den Nahverkehr deutlich mehr Geld, heute etwa 7,8 Milliarden Euro jährlich. Die Fahrgastzahlen im Nahverkehr haben sich infolge der mit diesen Geldern zusätzlich eingerichteten Angebote fast verdoppelt. Im Gegenzug wurde der Nahverkehr für private Betreiber geöffnet. Weitere Gesetze wurden zugunsten der Privaten ausgestaltet. Erst deregulierte die EU, dann verschärfte Deutschland zusätzlich den Wettbewerb gesetzlich, so dass heute Direktvergaben im Nahverkehr an öffentliche Bahnbetreiber vor Gericht landen.

Zunächst hatte die DB AG noch die meisten Ausschreibungen gewonnen. 2020 liegt der Anteil der DB mit ihrer Tochter DB Regio am gesamten SPNV nur noch bei gut 50 Prozent. Die Regionalisierung hatte durchaus positive Folgen: Die Kosten im Nahverkehr je Einheit sanken um mehr als 25 Prozent; die Fahrgastzahlen nahmen, siehe oben, deutlich zu. Doch die negativen Folgen der Privatisierung sind erheblich. Einzelne Unternehmen stellen nicht genügend Personal zur Verfügung. Andere verkalkulieren sich finanziell. Bahnen fallen aus. Linien werden zeitweise nicht bedient. Es gibt massives Lohndumping. Busse müssen Bahnen ersetzen. Ein unsäglicher Flickenteppich mit unterschiedlichen Fahrpreisen und Tarifsystemen hat sich im SPNV ausgebreitet. Komplizierte und teure Vertragswerke sollen die unterschiedlichen Interessen zwischen verschiedenen Betreibern, der DB Netz und dem jeweiligen Bundesland austarieren. An Schnittstellen werden die Verantwortlichkeiten zerrieben zwischen Betreibern, Aufsichtsbehörden und gegebenenfalls Gerichten. Die Betreiberfirmen können auf die zunehmend marode Infrastruktur keinen Einfluss nehmen, selbst haben sie wenig Interesse an der Entwicklung des Gesamtsystems. Das Bestellersystem zeigt damit ganz ähnliche Tendenzen wie in Großbritannien. Dort drohen immer wieder Insolvenzen, zu deren Abwendung dann erheblichen Nachforderungen stattgegeben wird. Der Schienenverkehr dort gehört im Ländervergleich zu den teuersten der Welt.

Das ist allein 2019 durch Vergaben von Schienennahverkehrsleistungen[75] passiert:

Im Dieselnetz Sachsen-Anhalt (Betreiber Abellio) und im Nahverkehr in Baden-Württemberg (Betreiber Go-Ahead, National Express und Abellio) kam es vielfach zu Zugausfällen aufgrund von fehlendem Personal, insbesondere von Lokführern, und technischen Problemen. Die Städtebahn Sachsen ging im Juli 2019 in die Insolvenz, wodurch mehrere Regionalbahnlinien über Wochen nicht mehr betrieben wurden. Bei der S-Bahn Rhein-Ruhr musste die Vergabe für den Betrieb von zwei S-Bahn-Linien an das Unternehmen Keolis im September 2019 – nur zweieinhalb Monate vor Betriebsübernahme – wieder zurückgezogen werden, weil das Unternehmen nicht genug Personal einstellte. Die dadurch erforderliche Notvergabe an die DB AG war nur mit Glück in der Kürze der Zeit möglich, verursacht nun aber nochmals Zusatzkosten.

Mit der Ende 2018 angekündigten Ausschreibung des Großteils des Betriebs der Berliner S-Bahn steht die größte Einzelprivatisierung Deutschlands der letzten zehn Jahre an: Für ein Gesamtvolumen von acht Milliarden Euro sollen zwei

75 Beispiele nach Bernhard Knierim (2020): Das ist schon einmal schief gegangen, Sozialistische Zeitung / SoZ, Nr. 1/2020.

Drittel des Betriebs an Private vergeben werden. Danach soll auch die künftige Wagenbeschaffung und -instandhaltung auf eine 30 Jahre laufende öffentlich-private Partnerschaft (ÖPP) festgelegt werden. Die Ankündigung wurde bereits im EU-Amtsblatt veröffentlicht. Die Aufteilung auf drei Betreiber und die Abtrennung der Wageninstandhaltung führt zur dauerhaften Zerschlagung der bisher einheitlich betriebenen S-Bahn. Es sollen Doppelt- und Dreifachstrukturen geschaffen werden: Weitere Werkstätten sollen gebaut werden (und bisherige Werkstätten ersetzen), ebenso zusätzliche Nachtabstellgleise und Ausfahrten – angeblich zur Mittelstandsförderung.

Gegen dieses Vorhaben wird Kritik laut: Die Beschäftigten wehren sich, Gewerkschaften und Verbände haben ein Aktionsbündnis S-Bahn gegründet und versuchen die Rücknahme der Ausschreibung zu erreichen.

Die unsinnige Pflicht zur Ausschreibung an Private sollte abgeschafft werden. Wenn die öffentliche Hand von anderen öffentlichen Körperschaften Verkehrsleistungen bestellen will, sollte das grundsätzlich möglich sein.

8.
Das Rad-Schiene-System bildet eine Einheit. Eine effiziente Nachhaltigkeitsbahn ist eine integrierte Bahn in öffentlichem Eigentum

Benötigt wird eine integrierte Bahn in öffentlichem Eigentum, die dem Gemeinwohl verpflichtet ist. Notwendig ist dabei unter anderem ein Fernverkehrsgesetz, wie es in der Verfassung auch vorgesehen ist.

Seit der Bahnreform gibt es viel Kritik an der DB AG.[76] Dabei hat sich diese Kritik in jüngerer Zeit enorm verstärkt. Die DB ist unpünktlich. Züge fallen oft ganz aus. Die Fahrzeiten verlängern sich von Jahr zu Jahr. Anschlüsse sind nicht aufeinander abgestimmt. Bahnhöfe wurden zu zugigen, unfreundlichen Orten. Die DB gilt als Service-Wüste.

Im Vertrag der Großen Koalition aus dem Jahr 2018 wurde diese Kritik indirekt aufgegriffen und ausdrücklich festgehalten: »Für uns steht als Eigentümer der Deutschen Bahn AG nicht die Maximierung des Gewinns, sondern eine sinnvolle Maximierung des Verkehrs auf der Schiene im Vordergrund.«[77] Die GroKo hat sogar beschlossen, eine Satzung für die Deutsche Bahn AG zu erarbeiten

---

76 Siehe dazu insbesondere die Alternativen DB-Geschäftsberichte, die das Bündnis »Bahn für Alle« seit 2010 jährlich herausgibt (www.bahn-fuer-alle.de/pages/bestandsaufnahme.php), Bernhard Knierim / Winfried Wolf: Abgefahren. Warum wie eine neue Bahnpolitik brauchen, Köln 2019; und Thomas Wüpper: Betriebsstörung. Das Chaos bei der Bahn und die überfällige Verkehrswende, Berlin 2019.

77 »Ein neuer Aufbruch für Europa. Eine neue Dynamik für Deutschland. Ein neuer Zusammenhalt für unser Land. Koalitionsvertrag zwischen CDU, CSU und SPD«, Berlin 2018, S. 78 [Koalitionsvertrag].

bzw. die bestehende im Sinne dieser grundlegenden Zielsetzung neu zu formulieren. Doch das hehre GroKo-Ziel blieb geduldiges Papier. Inzwischen stellen selbst CSU-Kreise die Aktiengesellschaft als Unternehmensform in Frage. Bei vielen verstärkt sich der Eindruck, dass die DB nicht nur moralisch, sondern auch wirtschaftlich vor der Pleite steht. Die Bundesregierung reagiert, indem sie die DB mit erheblich mehr Eigenkapital ausstattet und ihre jährlichen Zuschüsse um 50 Prozent erhöht – um ansonsten im Großen und Ganzen alles zu lassen wie bisher. Mehr Geld in ein System zu pumpen, das nicht funktioniert, führt aber nur dazu, dass noch mehr Geld verloren geht. Das zusätzliche Eigenkapital gestattet sogar eine weitere Erhöhung des Fremdkapitals, also noch mehr Schulden.

Die Ursachen der Krise der Bahn in Deutschland sind tiefgreifend und haben ihren Ausgangspunkt in der Bahnreform von 1994. Damals wurden die beiden deutschen Bahnsysteme Reichsbahn und Bundesbahn vereint und gleichzeitig formell privatisiert. Als Aktiengesellschaft sollte die neu geschaffene DB wirtschaftlich auf eigenen Füßen stehen. Dafür übernahm der Bund ihre Altschulden und Pensionsverpflichtungen. Im Zuge der vom Deutschen Bundestag am 2. Dezember 1993 von allen Parteien mit Ausnahme der PDS beschlossenen Privatisierung entstand jedoch ein in mehrfacher Hinsicht widersprüchliches Konstrukt. Die Widersprüche sind seither Teil des Erbguts der Bahnorganisation in Deutschland und haben Steuerzahlenden, Fahrgästen und der Umwelt seither einen enormen Schaden zugefügt.

Vereinfacht gesagt haben wir in Deutschland ein System Schiene, das weder privatisiert noch öffentlich ist. Es enthält viele Nachteile der privatisierten Schienensysteme und verzichtet weitgehend auf die möglichen Vorteile des öffentlichen Eigentums. Konkret: In diesem Schienensystem ist der zu 100 Prozent in Bundeseigentum befindliche Konzern Deutsche Bahn AG weiterhin dominierend; er vereinigt rund 75 Prozent des gesamten Umsatzes des Systems auf sich. Die starke Position der DB hat wesentlich damit zu tun, dass diese über ihre Töchter Netz AG und Station & Service AG Eigentümerin des gesamten Schienennetzes bzw. der Bahnhöfe ist. In den Bereichen Schienenpersonennahverkehr und Güterschienenverkehr haben allerdings inzwischen private und scheinprivate[78] Bahngesellschaften jeweils einen Anteil von mehr als 40 Prozent. Im Fernverkehr hält die DB über ihre Tochter DB Fernverkehr noch mehr als 95 Prozent der Marktanteile. Diese Mischkonstruktion führt zu enormen Problemen (z. B. in Form des Flickenteppichs mit unterschiedlichen Tarifen und Fahrplänen im Schienenpersonennahverkehr) und zu krassen Widersprüchen (u. a. im Fall des Spannungsverhältnisses zwischen der Zielsetzung der DB Netz AG auf hohe Gewinne und der eigentlich wichtigen Aufgabe eines Schienensystems, möglichst viel Verkehr auf die Schiene zu verlagern. Dazu weiter unten.)

Ein wichtiger Widerspruch zeigt sich im Fernverkehr. Dieser soll seit 1994 »eigenwirtschaftlich« betrieben werden. Für Verkehrsangebote in diesem Bereich gibt es vom Bund kein Geld. Die DB sicherte sich daraufhin wachsende Einnahmen einerseits durch regelmäßige Fahrpreiserhöhungen weit über der allgemeinen Inflation und andererseits durch immer höher Trassenpreise und Stationsentgelte, mit denen sie die privaten Betreiber schröpft.[79] Im Rahmen der Bahnreform war im Grundgesetz festgelegt worden, dass der Fernverkehr durch ein zugehöriges Gesetz geregelt werden würde. Dieses Fernverkehrsgesetz wurde aber nie vorgelegt, geschweige denn diskutiert und parlamentarisch verabschiedet. Damit verzichtet die Politik bewusst darauf, dem Auto und dem Flugzeug etwas entgegenzusetzen. Das fehlende Fernverkehrsgesetz gestattete der DB auch die Zerstörung des Interregio. Diese Ende der 1980er Jahre entwickelte Zuggattung, bei der interessanterweise altes (D-Zug-)Material neu

78 Viele private Eisenbahnverkehrsunternehmen (EVU) sind formell in öffentlichem Eigentum befindlich, so im Fall von Gesellschaften, die als Töchter anderer Staatsbahnen auftreten (Keolis, Abellio, SBB Cargo) oder im Fall von EVUs mit starkem Einfluss der Bundesländer (z. B. im Fall des Metronom in Niedersachsen).

79 Die Gewinne in den Bereichen DB Netz und DB Station & Service fließen über entsprechende konzerninterne Verträge direkt der Holding DB AG zu.

aufgearbeitet und modernisiert wurde, entwickelte sich bis Mitte der 1990er Jahre zu einem Publikumserfolg; unter den drei Fernzuggattungen ICE, IC/EC und IR hatte der Interregio die meisten Fahrgäste. Der IR verkehrte vor allem durch Regionen abseits der großen Ballungsgebiete; es gab lange Zugläufe, wodurch man für relativ wenig Geld auch auf großen Distanzen verreisen konnte, ohne umsteigen zu müssen. Da aber nun der Nahverkehr von den Ländern bezahlt (und vom Bund kräftig bezuschusst) wird und da es für den Fernverkehr keine Vorgaben des Bundes gibt, schaffte die DB den Interregio 2001/02 schlicht ab. Auf diese Weise wurden viele Städte und Regionen vom Fernverkehr abgehängt. Viele Fahrgäste müssen seitdem längere Fahrzeiten und Umstiege – vom Regionalverkehr auf ICE- und IC/EC-Verkehr – auf sich nehmen. Die DB profitiert, weil nun größere Teile des Fernverkehrs, der zu 100 Prozent aus der DB-Kasse zu finanzieren ist, auf den vom Bund deutlich bezuschussten Regionalverkehr verlagert wird. Dort, wo die DB über ihre Tochter DB Regio selbst den Regionalverkehr betreibt – und das sind immer noch rund bei 50 Prozent der regionalen Verkehre – profitiert die DB dann zusätzlich von dieser Unterstützung aus Steuergeldern.

Zwischen 2005 und 2009 betrieb der Bund massiv das Vorhaben, Teile der DB an die Börse zu bringen bzw. eine Teilprivatisierung über die Hereinnahme von »Investoren« zu erreichen. Der Börsengang war eine starke Triebfeder für eine Beschleunigung des Fahrens auf Verschleiß. Die DB-Führung ging davon aus, dass Investoren mehr bieten würden, wenn auf dem Papier hohe Gewinne ausgewiesen würden. Auf diese Weise wurde unter anderem die Wartung von ICEs so stark reduziert, dass es zu gefährlichen ICE-Achsbrüchen kam. Die S-Bahn Berlin wurde vom Mutterkonzern DB in ein Kostensparprogramm getrieben, das 2009 dazu führte, dass über einen längeren Zeitraum hinweg die Hälfte aller Züge ausfiel. Zu den Börsenplänen gehörte auch die Vernachlässigung des Inlandsverkehrs und die Hinwendung zum Unternehmensziel »Global Player«. Inzwischen erzielt die DB AG mehr als die Hälfte ihres Umsatzes im Ausland, und dort vielfach mit Lkw-Verkehr, Luftfracht und Schifffahrt.

Doch der Börsengang scheiterte im Herbst 2008 spektakulär. Zunächst wurde er durch massiven Widerstand – auch auf dem SPD-Parteitag im Oktober 2007 in Hamburg – verzögert. Daran hat das Bündnis »Bahn für Alle« einen maßgeblichen Anteil. Dann geriet der Börsengang in den Strudel der Finanzkrise. Aber auch nach der Absage des Börsengangs wurde die Auslandsorientierung fortgesetzt. Die Ankündigung des Mehdorn-Nachfolgers Rüdiger Grube, wonach man sich nunmehr wieder auf das »Brot- und Buttergeschäft« konzentriere, erwies sich als Lippenbekenntnis. So übernahm die DB 2009 den britischen Verkehrskonzern Arriva, der heute der größte Busbetreiber in Europa ist.

Fehlende Steuerung und Kontrolle

Die Bahn wird von der Bundesregierung, die den Eigentümer Bund vertritt, faktisch nicht gesteuert. Versuche des Parlaments, im Sinne einer Kontrolle Einsicht in Bahnunterlagen zu bekommen, gelangen bisher nur sehr bedingt. Anfragen wurden vielfach mit Verweis auf das Aktienrecht nicht oder nur unvollständig beantwortet. Zuletzt versuchte die DB sogar, sich der Kontrolle durch den Bundesrechnungshof zu entziehen.

Das weltweit vorbildlichste Bahnsystem ist eine Aktiengesellschaft: die Schweizer Bundesbahnen (SBB). Ein Zug-Personenkilometer im System Schiene kostet in der Schweiz nur knapp ein Drittel so viel wie in Deutschland.[80] Gleichzeitig sind die Investitionen in die Schiene im Nachbarland viel höher: 365 Euro pro Kopf gegenüber 77 Euro pro Kopf in Deutschland. In der Schweiz wurde auch – abgesichert durch Volksentscheide – ein Integraler Taktfahrplan

80 So die Berechnungen des PRIMON-Gutachtens: Privatisierungsvarianten der Deutschen Bahn AG – mit und ohne Netz, Booz Allen Hamilton, Januar 2006 (»Geschwärzte Fassung für MdB«), S. 77. Danach lagen die »durchschnittlichen jährlichen Zuwendungen in Eurocent je Einheitskilometer der Eisenbahnen 1995 bis 2003 in der Schweiz bei 2,4 Cent, in Frankreich und Österreich bei 6,2 und 6,6 Cent, in Deutschland bei 7 Cent und in Italien bei 9,4 Cent. Seither sind die staatlichen Unterstützungsleistungen deutlich angestiegen. Die Relation dürfte sich also nicht geändert haben.

umgesetzt, bei dem bewusst auf Hochgeschwindigkeitsverkehr verzichtet und für die gesamte Schweiz ein einheitliches dichtes Netz mit weitgehend optimalem Fahrplan geschaffen wurde.

Für einen 100-prozentigen Eigentümer gibt es also durchaus Möglichkeiten, die Geschicke des eigenen Unternehmens zu steuern, auch im Fall der Unternehmensform einer Aktiengesellschaft. Darauf haben jedoch alle Bundesregierungen seit der Bahnreform verzichtet. Stattdessen setzten sie Böcke als Gärtner in Vorstand und Aufsichtsrat der DB ein: Atomstromdinosaurier wie Ex-RWE-Chef Jürgen Großmann oder Investmentbanker wie Alexander Doll. Schon lange kommt keine einzige Person im Top-Management mehr von der Bahn, dafür aber viele aus der Auto- und Luftfahrtindustrie.

Statt die DB zu steuern, wird sie vom Bund als Schattenhaushalt missbraucht. Die Nettofinanzschulden der DB betragen 2020 bereits mehr als 25 Milliarden Euro. Sie werden nicht auf die Schuldenbremse oder den europäischen Fiskalpakt angerechnet. Die Zinsen, die die DB für ihre Kredite zu zahlen hat, sind höher als bei Bundesanleihen. Im langjährigen Durchschnitt liegen sie zwischen zwei und drei Prozent über dem Zinsniveau, das dem Bund zur Verfügung steht. Damit lagen die Zinsmehrkosten für die Auslagerung der Schulden bei etwa sieben Milliarden Euro.[81] Dennoch wird so getan, als wäre die DB ein Unternehmen, das durch eigene Geschäftstätigkeit Gewinne macht. Dazu passt, dass in ihrer Satzung keine gemeinwohlorientierten Unternehmensziele der DB verankert sind. Befriedigung der Verkehrsbedürfnisse? Klimaschutz? Service am Kunden? Fehlanzeige.

---

81 Die Kosten der Schuldenauslagerung vom Bund an die DB lassen sich wie folgt abschätzen: Zwischen 2005 und 2020 zahlte der Bund durchschnittlich 1,6 % für Staatsanleihen, Privatunternehmen zahlten im gleichen Zeitraum durchschnittlich 4 %. Nimmt man (etwas vereinfachend) an, die DB hätte in diesem Zeitraum konstant 20 Milliarden Euro Schulden gehabt, so hätte sie das 12 Milliarden Euro an Zinsen gekostet. Der Bund hat in dieser Zeit für 20 Milliarden Euro seiner Schulden nur 4,8 Milliarden Euro an Zinsen bezahlt, also 7,2 Milliarden Euro weniger.

Entwicklung der integrierten Bahn

Die DB versucht mit dem Schienennetz Gewinne zu machen. Trassenpreise und Bahnhofsgebühren wurden für Wettbewerber exorbitant gesteigert. Damit werden aber auch die eigenen Unternehmen – DB Regio im Nahverkehr, DB Fernverkehr und DB Cargo im Güterverkehr – so stark belastet, dass sie keinen optimalen Schienenverkehr gewährleisten können. Einzelne Bereiche werden auf diese Weise sogar liquidiert. Die Verluste, die die DB für den Nachtzugverkehr behauptete und weswegen sie Ende 2016 diese Verkehrssparte einstellte, sind zu einem großen Teil auf überhöhte Trassengebühren zurückzuführen.

Die Folgen für das gesamte System sind verheerend. Kleine Bahnhöfe verfallen, große Bahnhöfe werden jeweils zu »Ihrem Einkaufsbahnhof«. Ladenmieten sind dort wichtiger als Service und Aufenthaltsqualität für Bahnreisende. Der Umgang der DB mit dem Netz erfolgt erkennbar ohne Rücksicht auf das Gemeinwohl. Es gibt daher seit Jahren Forderungen, das Netz aus der DB auszugliedern und zumindest diesen Teil des Bahnsystems einer staatlichen und dem Gemeinwohl verpflichteten Einrichtung zu unterstellen. Damit verbunden wäre aber eine folgenschwere Trennung von Schienennetz und Schienenverkehr. Die Synergieverluste sind bei diesem Schritt beträchtlich. In Großbritannien hatte die Bahnprivatisierung mit einer solchen Trennung begonnen.[82] Es hat wesentlich mit dieser Trennung von Netz und Verkehr – kombiniert mit mehr als einem Dutzend von rein privaten Betreibergesellschaften – zu tun, dass Zugfahren in diesem ehemals führenden Eisenbahnland ein schlechtes Image hat. Auch die Kosten sind deutlich höher als bei integrierten Bahnen. Die Entwicklung eines Taktverkehrs erfordert, dass das Netz entsprechend der verkehrlichen Bedarfe entwickelt und ausgebaut wird.

---

82 In einer ersten Phase der britischen Bahnprivatisierung war die Infrastruktur ebenso wie der Bahnbetrieb in privater Hand. Als die privaten Eigentümer der Infrastruktur des Netz verfallen ließen und gewaltige Gewinne u. a. aus der Immobilienverwertung bezogen, wurde die Infrastruktur wieder verstaatlicht. Der Bahnbetrieb blieb jedoch privat.

Eine andere Bahn ist möglich und nötig

Die Wende hin zu einer bürger- und klimafreundlichen Bahn kann mit kleinen Schritten beginnen. Nach einer Beschaffung neuer Züge könnte die Taktung erhöht werden, stillgelegte Strecken könnten reaktiviert und – in Verbindung mit der Verabschiedung des im Grundgesetz verlangten Fernverkehrsgesetzes – eine Zuggattung wie der Interregio wieder eingeführt werden. Bahnhöfe könnten sukzessive wieder zu attraktiven Eingangstoren zum System Schiene ausgebaut werden. Darüber hinaus muss die Struktur der Bahn jedoch auch grundsätzlich reformiert werden:

1. Die Grundgesetzfestlegung der DB auf das Gemeinwohl muss strukturelle Konsequenzen haben. Dazu sollte eine demokratisch legitimierte Steuerung eingeführt werden, sinnvollerweise durch die Überführung der DB-Aktiengesellschaft in eine Anstalt des öffentlichen Rechts. Denkbar ist auch, dass die DB zwar formal eine Aktiengesellschaft bleibt, diese jedoch mit einer Satzung ausgestattet wird, in der – analog der Satzung der SBB – die Ziele Gemeinwohl, Verkehrsverlagerung und optimaler Service unzweideutig verankert sind.
2. Das vom Grundgesetz geforderte Fernverkehrsgesetz sollte eingeführt und durch zusätzliche Vorgaben des Bundes ergänzt und gegebenenfalls mit einer angemessenen Kofinanzierung durch den Bund ausgestattet werden.
3. Die Beteiligungen und Aktivitäten der Bahn im Ausland sind aufzugeben. Die betreffenden Unternehmen sind dabei an die jeweiligen nationalen öffentlichen Verkehrsunternehmen abzugeben.
4. Bundesländer und Regionen müssen ihre Verkehre direkt an öffentliche Bahnunternehmen vergeben dürfen. Wo gewünscht und technisch umsetzbar, sind regionale Bahnen und Netze an die betreffenden Gebietskörperschaften abzugeben.
5. Anzustreben ist ein Gesamtsystem Schiene, in dem die Teilbereiche aufeinander abgestimmt sind und das sich grundsätzlich in öffentlicher Hand befindet, wobei die in Bundeseigentum befindliche Bahn – zuständig für den Fernverkehr und für den Schienen-

güterverkehr – ergänzt werden kann durch Bahnen in dezentralem öffentlichem Eigentum, beispielsweise durch Länderbahnen.[83] Die Herausbildung eines solchen Gesamtsystems ist verbunden mit einer Zurückdrängung der privaten und schein-privaten Bahngesellschaften.

6. Der Schienenverkehr ist auf diese Weise für eine integrierte Bahn auszubauen. Das Netz ist entsprechend den Verkehrsbedürfnissen so weiterzuentwickeln, wie sie sich aus dem Nah- und Fernverkehr und aus dem »Deutschland-Takt« ergeben.

Der Einwand, ein solches Bahnsystem widerspreche der EU-Gesetzgebung, ist, rein formal, berechtigt. Dagegen ist zweierlei einzuwenden: Zum einen halten sich mehrere EU-Länder, darunter ein großes, Frankreich, und das relativ erfolgreiche Bahnland Österreich, bislang nicht an dieses EU-Recht. »Wettbewerb« auf der Schiene gibt es dort nur in homöopathischer Dosierung. Zum anderen haben sich die EU und alle EU-Mitgliedsländer verpflichtet, die im Pariser Klimaabkommen festgelegten Klimaschutzziele umzusetzen. Im Verkehrssektor kann dies nur mit einer massiven Verlagerung des Straßen- und des Luftverkehrs auf die Schiene gelingen. Dies wiederum kann nicht durch ein zersplittertes System privater und miteinander konkurrierender Bahnen erreicht werden. Dies setzt ein integriertes Bahnsystem, wie es hier beschrieben wurde, voraus. Vielmehr ist die EU-weite Kooperation solcher integrierter Bahnsysteme in öffentlichem Eigentum erforderlich.

Bilanz | Eine integrierte Bahn in öffentlichem Eigentum – teilweise in dezentralisierten Formen öffentlichen Eigentums – sollte das Ziel sein. Zwischenlösungen sind dabei nötig. Bei diesen darf jedoch das endgültige Ziel nicht aus den Augen verloren werden.

83 Einzelne Bundesländer wie Niedersachsen und Baden-Württemberg stellen inzwischen bereits das rollende Material (Triebfahrzeuge und Wagen) für die privaten Betreiber bzw. dieses Material wird aus Landesmitteln kofinanziert. In Baden-Württemberg wird sogar die Ausbildung neuer Triebfahrzeugführer aus Landesmitteln finanziert. Das sind bereits objektive Schritte hin zu solchen Länderbahnen. In jedem Fall unterstreichen sie die Irrationalität des behaupteten »kreativen Wettbewerbs«.

9.
Das Schienennetz muss in der Länge und hinsichtlich der Flexibilität wieder in den Zustand gebracht werden, den es bereits einmal gab

Das Schienennetz in Deutschland wurde gegenüber dem Höhepunkt der Eisenbahnentwicklung, der zwischen den beiden Weltkriegen erreicht war und den es direkt nach dem Zweiten Weltkrieg weitgehend noch gab, fast halbiert. Allein nach der Vereinigung BRD/DDR wurde das Netz von Reichsbahn und Bundesbahn um knapp 20 Prozent gekappt. Gleichzeitig wurden Weichen, Gleisanschlüsse und Überholgleise aus dem Netz entfernt. Nur ein systematischer Wiederaufbau dieses Netzes in seiner alten Quantität und Qualität bietet die Grundlage für einen nachhaltigen Schienenverkehr auf deutschem Boden.

Seit Ende der 1960er Jahre wurden in Westdeutschland viele Strecken stillgelegt, vor allem viele Nebenstrecken. Dadurch verloren tausende Orte und kleinere Städte ihre Bahnanbindung. Die ohnehin galoppierende Verkehrsverlagerung auf die Straße beschleunigte sich weiter. In Ostdeutschland blieb der größte Teil der Strecken erhalten.[84] Nach der Wiedervereinigung wurden dann viele ostdeutsche Bahnstrecken als verzichtbar angesehen. Das war eine wesentliche Voraussetzung für den Abbau der Schiene.

---

84 Allerdings wurde auf zahlreichen zweigleisigen Strecken ein Gleis im Zuge der Reparationsleistungen für die Sowjetunion abgebaut. Das gab es teilweise auch in Westdeutschland (so auf der »Gäubahn«, der Verbindung Zürich – Stuttgart). Groteskerweise bestehen diese eingleisigen – enorm die Kapazität wegen der »Flaschenhals-Funktion« reduzierenden – Strecken oft heute noch.

Nach 1990 ist das Schienennetz somit weiter erheblich geschrumpft. Allein seit 1994 und bis 2018 wurde es um 19 Prozent gekappt (von 41.300 auf 33.440 km). Im gleichen Zuge wurden 16 Prozent der Bahnhöfe und Haltepunkte abgebaut. Seitdem gibt es auch in Ostdeutschland viele Regionen, die keine Schienenanbindung mehr haben. Die Begriffe, hier sei »der Zug abgefahren« und die Region sei abgehängt, sind naheliegend.

Nicht nur die Länge des Netzes wurde erheblich reduziert. Die Zahl der Weichen und Kreuzungen wurde mehr als halbiert (von 156.568 im Jahr 1991 – noch bei Bundes- und Reichsbahn – auf 66.280 Ende des Jahres 2018[85]). Bis heute wird jegliche Art von Infrastruktur bei der DB AG vorwiegend als Kostenfaktor betrachtet. Die oft wiederholte Formel, die Infrastruktur sei unter Bahnchef Mehdorn heruntergewirtschaftet und abgebaut worden, ist eine Schutzbehauptung. Ohne Zweifel wurde unter Mehdorn die Struktur der Schiene stark beschädigt. Doch dieser Prozess setzte sich unter den Nachfolgern Rüdiger Grube und Richard Lutz fort. Auch in den letzten Jahren war die Zahl der Weichen von Jahr zu Jahr rückläufig. So wurden in den ersten beiden Amtsjahren von Richard Lutz als Bahnchef, 2017 und 2018, insgesamt 655 Weichen und Kreuzungen abgebaut. Das heißt, in jedem Monat werden 27 Weichen oder Kreuzungen aus dem Netz entfernt.[86] Die folgende Tabelle illustriert diese dramatische Beschädigung der Infrastruktur.

Weichen sind entscheidend für die Flexibilität im Netz: Sie ermöglichen Zügen das gegenseitige Ausweichen und das Freimachen der Strecke, wenn ein schnellerer Zug passieren muss. Wenn es aber über viele Kilometer keine Weichen und keine Ausweichgleise gibt,

85 Deutsche Bahn: Daten und Fakten 2018, S. 27; Verkehr in Zahlen, hrsg. vom BMVI.

86 Laut der Statistikbroschüre der DB AG »Daten und Fakten« gab es im letzten Jahr unter Hartmut Mehdorn noch 69.311 »Weichen und Kreuzungen« (Stand: 31.12.2008). Im letzten Jahr unter Rüdiger Grube waren es noch 66.935 (Stand: 31.12.2016). Und am 31.12.2018 waren es noch 66.280 (Quelle: Daten und Fakten; Ausgaben 2009, 2017 und 2018).

Tab. 2: Abbau der Schienen-Infrastruktur in Deutschland 1991 bis 2018

	1991	1994	2002	2018	Entwicklung in % 2018 zu 1994	Entwicklung in % 2018 zu 2002
Streckennetz Betriebslänge	41.100	41.300	35.755	33.440	-18,6	-6,5
Gleislänge	90.000	78.073	65.005	61.059	-32,2	-6,1
Weichen u. Kreuzungen	156.568	131.968	89.999	66.280	-57,7	-26,4
Gleis-anschlüsse	13.185	11.742	4.336	2.351	-82,2	-45,8
Sitzplätze	1.376.000	1.146.752	1.512.000	1.226.000	-10,9	-18,9

dann hängt im Falle von Fahrplanabweichungen ein ICE oder IC entsprechend lang hinter einem Nahverkehrs- oder Güterzug. Es gibt dann die inzwischen allseits bekannten »Störungen im Betriebsablauf«. Drastisch ist auch der Abbau der Gleisanschlüsse – auch Industriegleise genannt, also der Anschluss einzelner Unternehmen oder Gewerbeparks an das Schienennetz. Hier gab es gegenüber 1994 einen Abbau von 80 Prozent.

Diesem Abbau der Schieneninfrastruktur mit massiver Reduktion von Flexibilität und Effizienz steht der kontinuierliche Ausbau des Straßennetzes gegenüber. Seit 1991 wurden insgesamt 2300 Kilometer an neuen Autobahnen gebaut.[87] Straßen wurden verbreitert und erhielten zusätzliche Spuren.

Hier mag es den Verweis auf einige neu gebaute Strecken geben – insbesondere die »Verkehrsprojekte Deutsche Einheit«. Tatsächlich konnten unter anderem auf den Verbindungen Hamburg – Berlin, Hannover – Berlin, Berlin – Erfurt – Nürnberg – München und Köln – Frankfurt (Main) erheblich kürzere Fahrzeiten realisiert wer-

87 Die Leistungsfähigkeit des Autobahnnetzes wurde gewaltig gesteigert. So gab es Ende 2000 »nur« 1350 Autobahnkilometer mit einer Fahrbahnbreite von 11 bis 20 Metern. Zehn Jahre später waren es mit 2650 Kilometern bereits doppelt so viel.

den. Diese Strecken dienen aber ausschließlich dem schnellen Personenverkehr zwischen den Metropolen und nicht der Erschließung der Fläche. Sie führten im Übrigen nicht zu einer Reduktion des Flugverkehrs (siehe Programmpunkt 14). Auch unter Berücksichtigung dieser Neubaustrecken bleibt unterm Strich eben der genannte Abbau in Quantität und Qualität.

Ohne Zweifel gab es bei der Netzentwicklung auch einige erfreuliche Entwicklungen: Zwischen 1994 und 2019 wurden insgesamt 827 Kilometer an Verbindungen für den Personenverkehr und 359 Kilometer für den Güterverkehr wieder in Betrieb genommen.[88] Die erfolgten Reaktivierungen zeigen, dass sich Schienenstrecken auch in ländlichen Gegenden durchaus erfolgreich betreiben lassen; vielfach wurden in solchen Fällen die Erwartungen sogar deutlich übertroffen.[89] An vielen anderen stillgelegten Strecken gibt es Initiativen, die sich zum Teil seit Jahrzehnten für eine Reaktivierung engagieren und nicht selten die Strecken, sofern sie noch nicht abgebaut sind, sogar ehrenamtlich pflegen, damit diese zumindest grundsätzlich weiter befahrbar bleiben.

Um die Bahn wieder voranbringen zu können, sind sowohl der Ausbau als auch die Instandsetzung des Netzes entscheidend. Überall in Deutschland gibt es Strecken, die reaktiviert werden müssten, um sowohl den Personen- als auch den Güterverkehr wieder ausweiten zu können. Es gibt bereits umfangreiche Untersuchungen für die Reaktivierung von Bahnstrecken; die Allianz pro Schiene und der Verband Deutscher Verkehrsunternehmen (VDV) haben im Mai 2019 eine Liste solcher Strecken veröffentlicht.[90]

---

88 Siehe die Pressemitteilung Allianz pro Schiene vom 20. Mai 2019.

89 Das eindrucksvollste Beispiel ist die Regiobahn auf der Strecke Kaarst – Mettmann (Nordrhein-Westfalen). Die Fahrgastzahlen auf der 1999 wieder eröffneten Strecke haben sich seitdem mehr als vervierzigfacht. Ebenfalls extrem erfolgreich ist die Usedomer Bäderbahn (Mecklenburg-Vorpommern), die nur durch den Einsatz engagierter Eisenbahner in den 1990er Jahren nicht stillgelegt wurde – und inzwischen ihre Fahrgastzahlen verzwölffacht hat.

90 VDV (2019): Auf der Agenda: Reaktivierung von Eisenbahnstrecken.

Die Schienennetze sollten in zwei Stufen ausgebaut werden: In einer ersten Stufe, die maximal zehn Jahre währen sollte, muss das Netz in seiner Länge und Effizienz wieder das Niveau erreichen, das mit Stand Anfang der 1990er Jahre gegeben war. Das heißt: Verlängerung des Netzes um rund 7000 Kilometer bei gleichzeitiger Rekonstruktion von Effizienz und Flexibilität durch eine wesentlich größere Weichenzahl und vermehrte Ausweich- und Überholgleise. In einer zweiten Stufe muss das Netz wieder flächendeckend ausgebaut werden, so wie es noch Anfang des 20. Jahrhunderts und weitgehend noch direkt nach dem Zweiten Weltkrieg bestand.

10.
Die Eisenbahn muss als Flächenbahn ausgebaut werden. Das steht in einem Widerspruch zu Hochgeschwindigkeitsstrecken und vielen Großprojekten

Die Eisenbahn muss zu einer Flächenbahn ausgebaut und oft in diesem Sinn umgebaut werden. Das Flächenbahn-Konzept steht in einem direkten Widerspruch zum jahrzehntelang verfolgten Konzept einer Hochgeschwindigkeitsbahn, wie es von der Bundesbahn seit Anfang der 1990er Jahre und von der Deutschen Bahn AG im Zeitraum 1994 bis 2019 verfolgt wurde. Seit einigen Jahren wird erfreulicherweise offiziell ein Integraler Taktfahrplan bzw. »Deutschland-Takt« diskutiert. Es muss jedoch bezweifelt werden, dass die entsprechende Neuorientierung ernsthaft verfolgt wird.

Die Notwendigkeit einer Flächenbahn ergibt sich aus drei Grundsätzen: Erstens ist es derzeit noch ein entscheidender Vorteil des Autos, dass man damit nahezu überall hinkommt. Die Aufregung um Vorschläge für Diesel-Sperrzonen und autofreie Innenstädte zeigt, dass viele Autofahrer diesen Vorteil ungern missen möchten. Wer zu hohen Kosten ein Auto angeschafft hat, weil bestimmte Ziele mit dem Zug nicht mit einem vertretbaren Aufwand erreichbar sind, nutzt das Auto später auch für Wege, die eigentlich auch mit Zug oder ÖPNV zurückgelegt werden können. Bis zu 40 Prozent der Menschen in Deutschland leben in ländlichen Regionen, von denen viele schlecht an den Schienenverkehr angeschlossen sind. (siehe ausführlich Programmpunkt 15). Wenn bereits die Reise zum ersten Bahnhof eine halbe Stunde oder eine Stunde dauert und womöglich noch mit Fußwegen, Wartezeiten und Umstiegen verbunden ist, dann ist Zugfahren keine attraktive Alternative zum Auto.

Dass eine Flächenbahn auch schwer zugängliche Regionen erschließen kann, macht die Schweiz vor. Dort ergänzen Busse den Zugverkehr auf den letzten Kilometern. Dabei sind die Busverbindungen konsequent mit dem Zugverkehr vertaktet.

Zum zweiten ist ein Ausbau in der Fläche für die Netzentwicklung auch der Hauptstrecken unabdingbar. Das zeigt ein Rückblick: Die Reduktion des Regionalverkehrs erfolgte überall sukzessive. Zuerst wurden Strecken mit geringer Auslastung nicht mehr bedient. In der Folge sank auch die Auslastung auf den angrenzenden Strecken, die dann auch geschlossen wurden – bis auch der nächste Bahnknoten, dem zuvor sein Hinterland gekappt worden war, ebenfalls stillgelegt wurde. Die absurde Logik ist jedoch nicht auf den Straßenverkehr angewendet. Nebenstrecken versorgen schließlich erst die anschließenden Strecken mit Fahrgastaufkommen. Geht man umgekehrt vor, indem man Strecken verlängert und Netze verdichtet, kann man die Zahl der Zugreisenden signifikant erhöhen. Ein konkretes Beispiel ist die bereits erwähnte Usedomer Bäderbahn mit ihrem enormen Erfolg. Die inzwischen gute Erschließung Usedoms mit der Bahn macht nun auch eine Reise auf die Insel mit der Bahn attraktiv.

Drittens hat Bahnverkehr in Deutschland einen sehr spezifischen Verfassungsauftrag: Aus guten Gründen ist im Grundgesetz in Artikel 87 verankert, dass die »Verkehrsangebote« auf die Befriedigung der »Verkehrsbedürfnisse« ausgerichtet sein müssen. Die Flächenbahn ist somit eine öffentliche Aufgabe, eine Aufgabe der Daseinsvorsorge. Der Zugang muss daher allen ermöglicht werden, nicht nur Menschen in großen Städten.

Neben dem Ausbau muss damit auch die Priorität bei der Netzentwicklung verändert werden. Bau und Betrieb von Hochgeschwindigkeitsstrecken, zumal von solchen, auf denen deutlich schneller als Tempo 200 gefahren wird, sind sehr kostspielig und mit hohem Energieverbrauch verbunden. Immer, wenn neue Hochgeschwindigkeitsstrecken in Betrieb genommen wurden, wurden große Städte vom Fernverkehr abgehängt.[91] Wichtig sind stattdessen integrierte Netze, in denen die maximale Geschwindigkeit zwischen 160 und 220 km/h liegt.[92] In diesem Netz sollte der Integrale Taktfahrplan als Halbstundentakt verwirklicht werden. Damit wird nicht nur Energie gespart. Dies reduziert auch die Kosten im Streckenbau um gut 30 Prozent. Die kurzen Umsteigezeiten reduzieren für die Fahrgäste die Zeiten, die sie für ihre Fahrten insgesamt benötigen, drastisch. Was die Schweiz seit zwei Jahrzehnten praktiziert – den flächendeckenden Halbstundentakt – ist auch in Deutschland machbar und notwendig.

Im Oktober 2018 erklärte der Bundesverkehrsminister den »Deutschland-Takt« (kurz: *D-Takt*) zur künftigen Leitlinie für die Organisation des Bahnverkehrs.[93] Grundsätzlich ist diese Entscheidung zu begrüßen. Das Prinzip des »Integralen Taktfahrplans« (ITF) beruht auf dem Folgenden: An allen wichtigen Bahnknoten treffen die Züge des Fern- und Nahverkehrs inklusive des örtlichen öffentlichen Verkehrs etwa gleichzeitig ein und fahren nach einer (relativ) kurzen Umsteigezeit wieder in alle Richtungen weiter. So kann man optimale Reiseketten für die Fahrgäste herstellen und gleichzeitig für den Güterverkehr verlässliche Trassen vorhalten.

Der D-Takt ist mit langfristigen Investitionen verbunden: Knoten müssen ertüchtigt und die Takte »integriert« werden, d. h. Fahrzeiten

---

91 Bei der Inbetriebnahme der ICE-Strecke Hannover – Berlin wurden die Landeshauptstädte Magdeburg und Potsdam weitgehend vom Fernverkehr abgehängt, bei Inbetriebnahme von Köln – Frankfurt/M. waren es Bonn und Koblenz, bei Inbetriebnahme von Berlin – München Weimar und Jena.

92 Hohe Geschwindigkeiten auf einzelnen Strecken verringern die Durchflussgeschwindigkeit im ganzen Netz. Um wenige Fahrgäste in sehr schnellen Zügen ans Ziel zu bringen, müssen viele Fahrgäste in langsameren Zügen warten und deutlich längere Fahrzeiten in Kauf nehmen.

93 Im folgenden Abschnitt zum »Deutschland-Takt« hält sich der Text an eine Ausarbeitung, die Wolfgang Hesse publizierte (in: Bernhard Knierim / Winfried Wolf: Abgefahren. Warum wir eine neue Bahnpolitik brauchen, a. a. O., S. 126 ff). Dies erfolgt mit freundlicher Zustimmung des Verfassers.

sind so anzupassen, dass möglichst alle Umsteigebeziehungen berücksichtigt werden. Bedauerlicherweise wurden viele wichtige Ausbaumaßnahmen seit Jahrzehnten verschleppt und ITF-Prinzipien nur halbherzig befolgt, stellenweise sogar konterkariert.[94]

In den vom Bundesverkehrsministerium (BMVI) veröffentlichten »Zielfahrplänen 2030« finden sich viele lobenswerte Ideen wie eine Wiederbelebung des Interregio-Verkehrs. Dabei ist zu bedenken, dass die Zielfahrpläne zunächst *Trassen*, aber nicht unbedingt später auch real verkehrende *Züge* festlegen. Bis die erfreulichen Mehrverkehre (z. B. Halbstundentakte) wirklich umgesetzt werden können, müssen noch einige (Kosten-)Hürden überwunden werden.

Im Umgang mit den Bausünden der Vergangenheit lassen die für 2030 versprochenen Fahrpläne dagegen kaum kreative Ideen erkennen. So sollen für einen Fahrplan-Vollknoten Erfurt der Knoten Leipzig und (zum Teil) der Knoten Nürnberg geopfert werden, die ITF-gerechte Fahrzeit von knapp 2 Stunden zwischen diesen beiden wichtigen Knoten wird nicht genutzt. In Stuttgart scheitert der ITF-Knoten an den zu geringen Kapazitäten des geplanten Tiefbahnhofs Stuttgart 21, was sich auf die unzureichend ausgelegten Knoten Ulm und Augsburg überträgt.

Auf der anderen Seite sind die Fahrzeiten auf mehreren geplanten Neu- oder Ausbaustrecken derart »auf Kante genäht«, dass für den integrierten Nahverkehr gravierende Störanfälligkeiten und Unpünktlichkeits-Herde vorprogrammiert sind. Das betrifft u. a. die Strecken Erfurt – Halle, Stuttgart – Ulm, Ulm – Augsburg sowie die

---

94 Zwei Beispiele: (1) Bei der 2017 bzw. 2015 eröffneten Schnellfahrstrecke Nürnberg – Erfurt – Halle/Leipzig (– Berlin) ergeben sich für die jeweiligen Teilabschnitte Fahrzeiten, mit denen kein optimaler ITF zu machen ist. (2) Auf der Achse Mannheim – Stuttgart – Ulm – München gibt es ähnlich ITF-unverträgliche Fahrzeiten. Dort verhindert der heillos unterdimensionierte, im Bau befindliche Tiefbahnhof von »Stuttgart 21« jedwede ITF-gerechte Planung. Der (noch) bestehende, ideal ausgelegte Kopfbahnhof soll dagegen abgerissen werden – eine nicht nur ökonomisch widersinnige, sondern speziell für den D-Takt katastrophale Fehlplanung.

neu vorgeschlagenen Schnellstrecken Nürnberg – Würzburg und Hannover – Bielefeld.

So drängt sich der Eindruck auf, dass der wohlklingende Begriff »Deutschland-Takt« ein Weiter-Wurschteln wie bisher verdecken soll: Neue, z. T. überdimensionierte Hochgeschwindigkeitsprojekte werden wie bisher vorrangig aus politischen Motiven – zwecks Politiker-Selbstdarstellung, wegen Immobilienverwertung und den Forderungen der Beton- und (die Projekte mit Kredit finanzierenden) Bankenlobby folgend – geplant. Öffentlich werden sie als Beiträge zum D-Takt vermarktet – während für die dringend notwendigen Ausbauten und Mehrangebote kein Geld übrig ist.

Der Eindruck eines nicht ernsthaft verfolgten D-Takts drängt sich auch deshalb auf, weil Politik und Deutsche Bahn AG eine Reihe alter und neuer Großprojekte weiter betreiben, die in direktem Widerspruch zum Integralen Taktfahrplan stehen. Im monströsen Projekt Stuttgart 21 wird nicht nur die Kapazität des bestehenden Bahnhofs drastisch verkleinert, es wird auch die wichtige Fernverkehrsverbindung von Zürich über Tuttlingen und Horb nach Stuttgart (Gäubahn) jahrelang blockiert, am Ende wird die Fahrzeit länger sein. Der Hamburger Hauptbahnhof ist bereits heute völlig überlastet, die Einbindung in den »Deutschland-Takt« ohnehin eine Herausforderung. Bislang entlastet der Kopfbahnhof in Altona die Zugdichte im Hamburger Hauptbahnhof. DB AG und Hamburger Senat planen den Bahnhof Altona für den Fernverkehr zu schließen, der vorgesehene Ersatzbahnhof in Diebsteich ist unterdimensioniert. Damit aber wird sich die Lage im Hauptbahnhof Hamburg verschärfen. Wobei es auch hier – wie in Stuttgart – um Immobiliengeschäfte geht. Ein anderes Beispiel ist das 2019 neu aus der Taufe gehobene Projekt eines bis zu 40 Meter unter der Erdoberfläche verlaufenden Fernbahntunnels in Frankfurt am Main. Die geschaffenen zusätzlichen Kapazitäten würden allerdings für den D-Takt erst in der zweiten Hälfte der 2030er Jahre zur Verfügung stehen – in 15 bis 20 Jahren! Ein vergleichbares Tunnelprojekt konnte bereits einmal Ende der 1990er Jahre durch das Engagement einer Bürgerinitiative unter Beteiligung des Bahnexperten Klaus Gietinger gestoppt werden. Die Initiative zeigte auf, dass die Kapazität des Bahnknotens mit einer wesentlich günstigeren Variante gesteigert werden konnte. Es wurde erreicht, dass Bahnchef Hartmut Mehdorn, die Frankfurter Oberbürgermeisterin Petra Roth (CDU) und der hessische Verkehrsminister Dieter Posch (FDP) die Übereinkunft trafen, das Gleisvorfeld des aktuellen Frankfurter Hauptbahnhofs auszubauen. Der teure unterirdische Fernbahnhof wurde damals verworfen. Fast zwei Jahrzehnte lang passierte dann – nichts. Heute spekuliert man auf das kurze Gedächtnis der Öffentlichkeit und der Medien – und präsentiert ein vergleichbar stumpfsinniges Betonprojekt wie in der Dürr-Mehdorn-Ära. Wobei sich inzwischen in Frankfurt gegen diesen Wiedergänger von Stuttgart 21 wieder Widerstand regt.[95]

Bilanz | Die Projekte Flächenbahn und Integraler Taktfahrplan stehen weiter auf der Tagesordnung. Die Großprojekte Stuttgart 21, Hamburg Altona / Diebsteich und Fernbahntunnel Frankfurt/M. stehen in offenem Widerspruch zur dringend notwendigen Neuausrichtung. Die offiziellen Zielfahrpläne des aktuellen D-Taktes bedürfen einer grundlegenden Revision. Statt neuer »D-Takt«-Großprojekte bedarf es einer Vielzahl gut aufeinander abgestimmter kleiner und mittelgroßer, schnell umsetzbarer Maßnahmen, um dem »Deutschland-Takt« zu einem nachhaltigen Erfolg zu verhelfen.

95 Die Kosten für die oberirische Lösung – Optimierung des Gleisvorfelds – belaufen sich auf 500 Millionen Euro; die entsprechenden Baumaßnahmen könnten in zwei bis drei Jahren durchgezogen werden. Die Kosten für den unterirdischen Fernbahntunnel mit Bahnstation werden bereits heute auf 3,5 Milliarden Euro veranschlagt. Auf einer großen öffentlichen Veranstaltung in Frankfurt/M. Anfang März 2020 konnten Tunnelkritiker – erneut u. a. mit Klaus Gietinger – die Risiken und Kosten überzeugend darstellen. Siehe: Manfred Köhler, in: Frankfurter Allgemeine Zeitung vom 2. März 2020.

11.
Das Schienennetz muss zu 100 Prozent elektrifiziert werden. Fahrverbote für Dieselfahrzeuge? Auch im Schienenverkehr!

Das Schienennetz in Deutschland ist in völlig unzureichendem Umfang elektrifiziert. Und beim derzeitigen Tempo wäre das Netz auch in 175 Jahren nicht vollständig elektrifiziert. Erst mit einem zu 100 Prozent elektrisch betriebenen Schienensystem wird es möglich, den gesamten Schienenverkehr mit Ökostrom zu betreiben. Eine solche Nachhaltigkeitsbahn steht in offenem Widerspruch zu dem im Februar 2020 von der Bundesregierung beschlossenen Vorhaben, das Kohlekraftwerk Datteln 4 doch in Betrieb zu nehmen und dann bis 2038 damit Bahnstrom zu erzeugen. Die Zielsetzung in diesem Verkehrswendemanifest lautet: Ein hundertprozentig elektrifiziertes Schienennetz bis 2035.

Im September 2019 teilte die Deutsche Bahn AG mit: »Die Deutsche Bahn (DB) macht ihre Rolle als Umweltvorreiter auf ihren Zügen sichtbar und verändert dafür das Außendesign ihrer rund 280 ICE-Züge: An den beiden Wagen mit dem markanten ICE-Profil an der Spitze und am Ende des Zuges wird der rote Streifen durch einen grünen ersetzt.«[96]

Der Fernverkehr der Deutschen Bahn werde zu 100 Prozent mit Ökostrom betrieben, so die Eigenwerbung. Die Maßnahme einer Umlackierung ist typisch; nur der Lack ist grün. Nur knapp 60 Prozent des Bahnstroms sind »Ökostrom«. Rund 30 Prozent sind Strom aus fossilen Quellen und knapp 10 Prozent sind Atom-

---

96 Pressemitteilung Deutsche Bahn vom 10. September 2019.

strom.[97] Hinzu kommt: Selbst ein größerer Teil des Schienenpersonenfernverkehrs wird heute noch mit Dieseltriebfahrzeugen betrieben, weil wichtige Fernverkehrsstrecken wie Hamburg–Kopenhagen, Lindau–München, Stuttgart–Zürich nicht elektrifiziert sind. Schlimmer noch: Die Mehrzahl der Loks der DB-Tochter für den Schienengüterverkehr, DB Cargo, sind Dieselloks.[98] Viele Personen- und Güterzüge werden auch dort mit Dieselkraftstoff gezogen oder geschoben, wo es bereits Oberleitungen gibt. Das hängt dann in der Regel damit zusammen, dass es im Verlauf der jeweiligen Verbindung irgendwo nichtelektrifizierte Streckenabschnitte gibt.

Im Rahmen der Klimadebatte und unter dem Eindruck und Druck der neuen Klimabewegung erzeugte die Bundesregierung in jüngerer Zeit immer wieder Schlagzeilen, wonach man jetzt »die Elektrifizierung des Schienenverkehrs vorantreiben« werde. So erklärte Bundesverkehrsminister Andreas Scheuer im Januar 2019: »Wir bauen neue Oberleitungen für den Personen- und Güterverkehr und stärken den Einsatz von Zügen mit alternativen Antrieben auf nicht oder nur teilweise elektrifizierten Strecken«. Grundsätzlich gelte: »Wir wollen weg vom Diesel auf der Schiene.«[99]

In Wirklichkeit verläuft die Elektrifizierung des Schienennetzes im Schneckentempo. Ausgerechnet für das CSU-Land Bayern rech-

---

97 Laut der letzten verfügbaren DB Statistik waren 2018 57,2 % Strom aus erneuerbaren Energien, 9,6 % Atomstrom, 32,7 % Strom aus Steinkohle, Braunkohle und Gas und 0,5 % aus »sonstigen« Quellen. Deutsche Bahn: Daten und Fakten 2018/19.

98 Lauf offizieller Statistik der Deutschen Bahn hatte DB Cargo am 31. Dezember 2018 insgesamt 2.758 Lokomotiven. Darunter befanden sich 1290 elektrische Lokomotiven, was einem Anteil von 46,8 % entspricht. Es gab 1468 Diesellokomotiven, die damit einem 53,2 %-Anteil entsprechen. Bei den Dieselloks dürften einige hundert Rangierloks mit aufgeführt sein (eine detaillierte Angabe gibt es auch nicht bei den Daten-und-Fakten-Angaben von DB Cargo). Dennoch dürfte ein großer Teil – mehr als 40 % – der DB-Cargo-Verkehrsleistung mit Dieseltraktion erfolgen. Angaben nach: Deutsche Bahn: Daten und Fakten 2019, S. 24.

99 Bund will Elektrifizierung der Schiene vorantreiben, Zeit Online vom 18. Januar 2019.

nete die Bundestagsfraktion der Grünen vor, dass lediglich rund 55 Prozent der gut 3300 Streckenkilometer im Freistaat mit elektrischen Oberleitungen ausgestattet sind. Bis 2023 sollen lediglich rund 167 zusätzliche Streckenkilometer elektrifiziert werden. Die Bundestagsabgeordnete Ekin Deligöz kritisierte: »Wenn die Elektrifizierung der Strecken in Bayern in diesem Tempo weitergeht, dauert es noch fast 32 Jahre, bis ein Mindestwert von 70 Prozent erreicht wird, geschweige denn 100 Prozent.« Das von der Großen Koalition gesetzte Ziel, den Elektrifizierungsgrad des Eisenbahnnetzes der Deutschen Bahn bis 2025 auf 70 Prozent zu erhöhen, sei für Bayern »noch nicht mal Zukunftsmusik, sondern fernab jeder Realität«.[100]

Tatsächlich waren in Deutschland Ende 2018 erst knapp 61 Prozent des Netzes elektrifiziert. Dabei hat sich dieser niedrige Elektrifizierungsgrad in den letzten zwanzig Jahren nur unwesentlich verbessert; das Tempo der Elektrifizierung hat sich sogar deutlich verlangsamt. Der vermittelte Eindruck einer gewissen Zunahme der Elektrifizierung täuscht, da parallel zur Elektrifizierung massiv Strecken (und vor allem nicht elektrifizierte Strecken) *stillgelegt* wurden. Gäbe es in Deutschland noch die Netzlänge des Jahres 1991, dann läge der Elektrifizierungsgrad 2018 gerade mal auf dem Stand von 1999: bei 49,3 Prozent.

Dabei ist bemerkenswert, dass in den ersten Jahren nach der Bahnreform (1994–1998) immerhin noch 462,2 Schienenkilometer pro Jahr mit elektrischem Fahrdraht versehen wurden. Mit dem Antritt von Hartmut Mehdorn 1999 sank die Jahresquote der Elektrifizierung erst auf 132 km pro Jahr, um dann im Zuge der Börsenpläne noch einmal abzusacken – auf nur noch 61,7 km pro Jahr. Auf einem vergleichbar niedrigen Niveau verharrt die Elektrifizierung seither bis heute, auch unter Rüdiger Grube und Richard Lutz gab es keine Erhöhungen der Elektrifizierungs-Ausbaurate. Bleibt das Tempo der letzten 20 Jahre bestehen, dauert es noch etwa weitere 175 Jahre, bis das deutsche Schienennetz vollständig mit elektrischer Stromversorgung ausgestattet ist.

100 Augsburger Allgemeine vom 1. Februar 2020.

Tab. 3: Elektrifizierung des Schienennetzes in Deutschland 1991 – 2018[101]

Jahre	Betriebs-länge gesamt	davon elektrisch betrieben	Anteil elektrifizierter Strecken am gesamten Netz (Betriebslänge)	Absolute km, die im Zeitabschnitt elektrifiziert wurden	Elektrifizierung pro Jahr
1991	41.113 km	16.289 km	39,62%	–	–
1994	40.385 km	16.546 km	40,97%	257 km	(: 3 =) 85,7 km
1999	38.078 km	18.857 km	49,52%	2.311 km	(: 5 =) 462,2 km
2002	35.804 km	19.254 km	53,78%	397 km	(: 3 =) 132,3 km
2014	33.426 km	19.994 km	59,80%	740 km	(: 12 =) 61,7 km
2018	33.440 km	20.286 km	60,66%	292 km	(: 4 =) 73,0 km
Summen bzw. Durchschnitt	Abbau um 7.673 km	insgesamt wurden 3.997 km elektrifiziert	Der Elektrifizierungsgrad wurde um 21 Prozentpunkte gesteigert – ca. zur Hälfte als Resultat des Streckenabbaus	(insgesamt wurden 3.997 km elektrifiziert)	Pro Jahr wurden im Durchschnitt 148 km elektrifiziert (3997 : 27)
Bei Annahme, dass es keinen Netzabbau gab	41.113 km (= Stand 1991)	20.286 km (= Stand 2018)	49,3%. Der Elektrifizierungsgrad von 2018 entspricht dem von 1999	–	–

Die geringe Elektrifizierung hat auch einen militärischen Hintergrund: Die Bundeswehr forderte jahrzehntelang einen hohen Anteil an Schienenverkehr mit Dieseltraktion mit der Begründung, im Kriegsfall seien elektrifizierte Strecken schneller lahmzulegen.

Neben dem extrem langsamen Prozess der Elektrifizierung spricht auch ein brisanter aktueller Vorgang dafür, dass die Bundes-

101 1991 = Angaben für Deutsche Bundesbahn und Deutsche Reichsbahn addiert. Diese 1991er-Zahlen nach: Die Deutschen Bahnen 1992. Alle anderen Zahlen nach: Daten und Fakten, herausgegeben von der Deutschen Bahn AG, jeweilige Jahreshefte (Print). Angaben jeweils am 1. Januar des entsprechenden Jahres (oder am 31. Dezember des vorangegangenen Jahres).

regierung und die Führung der Deutschen Bahn AG eine offensive Elektrifizierungsstrategie der Bahn blockieren, wenn nicht hintertreiben. Mitte Januar 2020 beschloss die Bundesregierung, dass das neu gebaute Steinkohlekraftwerk Datteln 4 in Nordrhein-Westfalen Mitte 2020 ans Netz gehen soll. Im Gegensatz dazu hatte es im Januar 2019 in der damals beschlossenen Vereinbarung der »Kohlekommission« geheißen, dass bei »bereits gebauten, aber noch nicht in Betrieb befindlichen Kraftwerken« eine »Lösung« anzustreben sei, um diese »nicht in Betrieb zu nehmen«. Das Steinkohlekraftwerk Datteln 4 war dabei faktisch das einzige »noch nicht in Betrieb befindliche« Kraftwerk. Umweltverbände und die Fridays-for-Future-Bewegung hatten die Aussage der Kohlekommission als ein Aus für Datteln 4 interpretiert.

Wenn Datteln 4 nun doch in Betrieb genommen werden soll, ist das in zweifacher Hinsicht brisant. Zum einen hat sich die Deutsche Bahn durch langfristige Verträge verpflichtet, bis 2038 von Datteln 4 bis zu 40 Prozent der Stromleistung abzunehmen. Die DB hätte aber aus den geltenden Lieferverträgen aussteigen können, gegebenenfalls bei Bezahlung von Vertragsstrafen. Auf den Vertragsausstieg wurde aber verzichtet. 100 Prozent Eigentümer der DB ist der Bund, der also in der Kohlekommission ein falsches Spiel gespielt hatte.

Brisant ist auch eine Personalie: Ronald Pofalla war der Vorsitzender der genannten Kohlekommission. Er ist zugleich zweiter Mann im Vorstand der Deutschen Bahn AG, verantwortlich für die Infrastruktur, also auch für die Elektrifizierung des Netzes. Er ist zugleich Mitglied der CDU in Nordrhein-Westfalen und mit dem aktuellen Ministerpräsidenten von NRW und Kandidaten für den CDU-Parteivorsitz, Armin Laschet, befreundet. Die Inbetriebnahme von Datteln 4 wurde vor allem von der schwarzgelben NRW-Landesregierung und deren Ministerpräsidenten vorangetrieben. Offensichtlich betreibt damit ein Top-Mann der Bahn das Geschäft der Kohlestrom-Betreiber – so wie sich zuvor Rüdiger Grube als Bahnchef massiv für Atomstrom eingesetzt hatte.[102] Pofalla stellt auch das Bindeglied dar zwischen dem Ja der DB für die Inbetriebnahme von Datteln 4 und dem Festhalten am Monsterprojekt Stuttgart 21.[103]

Dass eine offensive Elektrifizierung des Schienennetzes machbar ist, zeigen zwei Nachbarländer. In Österreich waren 2019 bereits 75 Prozent des Netzes elektrifiziert. Ohne Oberleitung sind noch rund 1600 Kilometer. Die im Januar 2020 gebildete ÖVP-Grünen-Regierung hat sich das Ziel von 90 Prozent Schienennetz-Elektrifizierung gesetzt. Der österreichische umweltfreundliche Verkehrsclub VCÖ fordert die hundertprozentige Elektrifizierung.[104]

Die Schweiz hat ihr Schienennetz seit Jahrzehnten zu 100 Prozent elektrifiziert. Dabei stellen die topographischen und klimatologischen Verhältnisse dort wesentlich höhere Ansprüche an eine Elektrifizierung. In der Schweiz wird ein Schienenverkehr im Regelbetrieb bis in eine Höhe von mehr als 2000 Metern über dem Meeresspiegel betrieben.[105]

Eine hundertprozentige Elektrifizierung des Schienennetzes ist mit drei Vorteilen verbunden. *Erstens* ist diese Antriebsart die mit

---

102 Grube war 2010 Mitunterzeichner des »Energiepolitischen Appells«, der für die Verlängerung der Laufzeiten der Atomkraftwerke eintrat. Initiator des Appells war der RWE-Milliardär Jürgen Großmann, langjähriger AKW-Chef und 13 Jahre lang Aufsichtsrat der Deutschen Bahn AG. Siehe ausführlich Bernhard Knierim / Winfried Wolf: Abgefahren, a. a. O., S. 271 f. u. 265.

103 Datteln 4 und Stuttgart 21 sind enorm klimaschädliche Großprojekte. In beiden Fällen ist es gerechtfertigt, die Projekte aufzugeben und die bereits getätigten Investitionen (bei Datteln 4 sind dies 1,5 Milliarden Euro; bei S 21 sind es 3,5 bis 4 Milliarden Euro) abzuschreiben, weil bei einem Festhalten das höhere Ziel Klimaschutz bzw. im Fall Stuttgart 21 zusätzlich die Ziele Erhalt von Bahnkapazitäten und Ermöglichung des »Deutschland-Taktes« verletzt würde. Die Nichtinbetriebnahme von Datteln 4 wäre ein Signal für ein Aus bei Stuttgart 21 gewesen. Pofalla ist als Infrastrukturvorstand Hauptverantwortlicher im DB-Vorstand für das Festhalten an Stuttgart 21.

104 VCÖ-Factsheet 2018-09: Regionalbahnen in Österreich ausbauen, PDF unter www.vcoe.at/publikationen.

105 Der Bernina-Express (Verbindung Chur – Davos – St. Moritz – Tirano) verkehrt bis auf eine Höhe von 2253 Metern, die Jungfraubahn (Berner Oberland) sogar bis auf die Höhe von 3454 Meter Höhe.

Abstand effizienteste und, alle Kosten – auch die externen – eingerechnet, die mit Abstand preisgünstigste. *Zweitens* gibt es damit kein Fahren von Dieseltriebfahrzeugen unter der Oberleitung mehr. Auch Transitverkehre müssen dann zu 100 Prozent mit elektrischem Antrieb stattfinden. *Drittens* ist damit ein erheblicher Synergieeffekt verbunden – in den Bereichen Reparatur und Instandhaltung, Wartung, Bestellwesen, Ausbildung und Vorhaltung von Energie-Infrastruktur muss nicht mehr auf verschiedene Antriebssysteme Rücksicht genommen werden.

Bilanz | Elektromobilität ist seit mehr als einem Jahrhundert Realität – im Schienenverkehr. Es hat Methode, wenn in der jüngeren Debatte dieser Begriff bei der Schiene nicht erwähnt und ausschließlich für einen Autoverkehr mit Elektroantrieb okkupiert wird. Elektromobilität als Teil der Klimawende muss gleichbedeutend werden mit: hundertprozentig elektrisch betriebene Bahn; hundertprozentige Elektrifizierung des Schienennetzes. Ein entsprechendes Programm sollte auf maximal 15 Jahre ausgelegt sein, in denen jährlich 850 bis 900 Kilometer zu elektrifizieren sind. Damit würde man lediglich den Maßstab im Eisenbahnbau anlegen, der vor 150 Jahren die Norm war – in einer Zeit, als mehr als 90 Prozent der Eisenbahnbauarbeit mit menschlicher Hand zu erledigen waren.[106]

106 Im Zeitraum 1865 bis 1905 wurden in Deutschland (1865 – 1871: auf dem Boden des späteren Deutschen Reichs) pro Jahr 1000 Kilometer neue Eisenbahnstrecken gebaut und in Betrieb genommen. Das deutsche Eisenbahnnetz hatte 1865 eine Länge von 14.762 Kilometern. 1885 waren es 37.572 Kilometer (also bereits mehr als heute). 1905 waren es 56.477 Kilometer. Die durchschnittliche Jahresleistung lag damit bei jährlich 1043 Kilometern. Wobei es, wohlgemerkt, um den Bau und um die Inbetriebnahme komplett neuer Strecken ging. Der Hinweis im Zusammenhang mit Streckenelektrifizierung u. a. von Verkehrsminister Scheuer, starre Planungs- und Genehmigungsverfahren behinderten schnelle Fortschritte (weswegen dieser und die Bundesregierung neue »Beschleunigungsgesetze« vorantreiben wollen) ist nicht akzeptabel. Es geht um die Elektrifizierung bereits bestehender Strecken, bei denen in der Regel die Genehmigungsverfahren keine besondere Hürde darstellen.

12.
Die Bahnpreise müssen deutlich gesenkt und das System der Mobilitätskarten (B50, BC100) umfassend ausgebaut werden

Das System der »zuggenauen« Buchung, das vor knapp zwei Jahrzehnten bei der Deutschen Bahn AG eingeführt wurde, beraubte die Schiene eines entscheidenden Systemvorteils: einfach in einen Zug auf der gebuchten Strecke einsteigen und losfahren. Darüber hinaus wurde das Bahnpreissystem immer intransparenter. Erforderlich ist ein einfaches Bahnpreismanagement, bei dem das allgemeingültige Ticket im Zentrum steht, die Normalfahrpreise deutlich niedriger und die BahnCard 50 und die BahnCard 100 so preiswert sind, dass der größte Teil der Bevölkerung eine Mobilitätskarte besitzt.

In Deutschland stiegen die normalen Preise für Bahntickets allein im Zeitraum zwischen dem 1. Januar 2003 und Anfang 2020 um satte 53 Prozent im Nahverkehr und um 47 Prozent im Fernverkehr – doppelt so schnell wie die Inflation.

Der klassische, mehr als ein Jahrhundert gültige Systemvorteil der Eisenbahn bestand darin, dass eine Fahrkarte in einer bestimmten Zeitspanne grundsätzlich für jeden Zug Gültigkeit hatte. Dieser Grundsatz wurde vor knapp zwanzig Jahren unter Bahnchef Hartmut Mehdorn mit der Bahnpreisreform PEP aufgegeben. Es waren Lufthansa-Manager, die damals, 2002/2003, das neuen Bahnpreissystem einführten. Sie übertrugen dabei die Grundsätze der Ticketbuchungen im Flugverkehr – die dort auch einen Sinn ergeben – auf den Schienenverkehr, wo dies kontraproduktiv ist. Seither sind bei der Deutschen Bahn große Teams von Fachleuten damit beschäftigt, zu berechnen, welcher Zug an welchem Tag zu welcher Zeit mehr ausgelastet werden könnte – und wo dann welche Tickets zu Schnäppchenpreisen für welche Zugfahrten auf welchen Vertriebswegen (über das Internet? Via Aldi? Als Gutschein bei Hanuta oder Toffifee?) angeboten werden müssten. Die neue Konkurrenz mit den Fernbussen hat diesen Trend noch intensiviert. Inzwischen kommt es zu einem Preisdumping bei den Fahrpreisen und zu nichtkostendeckenden Fahrpreisen – was bei der gegebenen Struktur den Abbau von Komfort und Service verstärkt und damit eine kulturelle Entwertung des Bahnreisens begünstigt.

Heute gibt es eine Spaltung der Fahrgäste. Die Stammkundschaft – oft Menschen mit BC 50 und BC 100 – fühlt sich immer mehr verschaukelt. Kann es doch vorkommen, dass zwei Fahrgäste im Zug nebeneinandersitzen, von denen einer 19,90 Euro (Supersparpreis) für sein Ticket bezahlt hat und der andere für die gleiche Strecke 153 Euro.

Mit dieser enorm aufwendigen Fahrpreisgestaltung gelang es – so die Behauptung der Deutschen Bahn –, den durchschnittlichen Besetzungsgrad in den Zügen um rund zehn Prozentpunkte zu erhöhen. Allerdings wurde gleichzeitig das Sitzplatzangebot deutlich abgebaut. Der größte Teil der »höheren Auslastung« – wenn nicht der gesamte Effekt – ist darauf zurückzuführen.[107] Inzwischen haben wir bei der Bahn die Situation, dass viele Fahrgäste nur noch dann einen sicheren Sitzplatz bekommen, wenn sie reserviert haben – wobei der

107 Die Zahl der Sitzplätze bei der DB im Fernverkehr (1. und 2. Klasse) betrug im Jahr 2000 281.372. 2018 waren es noch 229.259 oder 18,5 % weniger. Gleichzeitig stieg die Verkehrsleistung (Personenkilometer) um 18 %. Im Nahverkehr wurde die Zahl der Sitzplätze im gleichen Zeitraum um 15,7 % abgebaut (von 1.183.025 auf 996.736). Die Verkehrsleistung (DB Regio) stieg in dem Zeitraum um 9,7 %. In die Betrachtung sind noch andere Werte miteinzubeziehen, so die durchschnittliche Geschwindigkeit der Fernverkehrszüge und die Zahl der eingesetzten Züge. Allerdings gab es im gesamten beschriebenen Zeitraum keine erhöhte Geschwindigkeit im gesamten Fernverkehrsfahrplan Für das Jahr 2000 nennt die DB-Statistik 1557 Fernverkehrszüge je Stichtag; im Jahr 2018 waren es 1476. Auch hier ein Abbau um 5,2 %. Alle Angaben nach: Daten und Fakten, herausgegeben von der Deutschen Bahn AG. Ausführlich siehe: Bernhard Knierim / Winfried Wolf: Abgefahren, a. a. O., S. 80 ff. u. 120.

Preis je Reservierung seit 2001 um mehr als 120 Prozent angehoben wurde. Die Reservierungskosten entwickelten sich zum zweiten Fahrpreis. Dadurch wurde die Flexibilität des Bahnreisens ein weiteres Mal reduziert.

Wer keine Reservierung vornimmt (oder wer wegen einer der vielen Verspätungen in einem »falschen« Zug sitzt), der fährt unbequem im Stehen. Hinzu kommt der unerträgliche Zustand, dass aufgrund dieser Bahnpolitik inzwischen viele Züge so überfüllt sind, dass manchmal die Zugfahrt gestoppt und eine Weiterfahrt erst dann stattfinden kann, wenn ein Teil der Fahrgäste »freiwillig« – oft gegen Geldzahlung – den Zug verlassen hat.

Eine zukünftige Struktur der Bahnpreise muss im Rahmen einer Verkehrswende völlig anders aussehen. Es gilt der Dreiklang: Normalpreis im Zentrum – Preise senken – BahnCards zum Standard machen.

Das allgemeingültige Ticket muss im Schienenverkehr wieder zur Norm, der alte Systemvorteil zurückgewonnen werden. Das heißt, eine »Zugbindung«, die inzwischen die Regel ist, sollte es nur bei speziellen Angeboten und als Ausnahme geben. Dabei muss dieses allgemeingültige Ticket tatsächlich wieder flexibel sein: Bis Dezember 2012 waren diese Tickets noch vier Tage gültig. Inzwischen muss die Fahrt immer am ersten Gültigkeitstag angetreten werden. Wer eine Hin-und Rückfahrt bucht, konnte bis Dezember 2016 die Rückfahrt flexibel innerhalb eines Monats antreten. Auch diese Flexibilität wurde abgeschafft. Heute muss man sich auch für die Rückfahrt auf einen fixen Rückfahrttag festlegen. Diese Einschränkungen der Flexibilität müssen rückgängig gemacht werden.[108]

---

108 Das Argument des Bahnmanagements, die Abschaffung der Flexibilität helfe, die Grundlagen dafür zu schaffen, dass die beschriebene hohe Auslastung der Züge erreicht werde, widerlegte die DB jüngst: Seit dem 1.1.2020 dürfen 187.000 Angehörige der Bundeswehr in Uniform – dienstlich und privat – die Züge der DB gratis nutzen. Das sind faktisch schlagartig 187.000 BahnCards100 – für die beschriebene Fahrpreisgestaltung nicht berechenbar. Wohlgemerkt: Es gab bis zum 31.12.2019 nur 50.000 BC 100 – jetzt sind es fast 250.000, 187.000 nicht bezahlte und 50.000 bezahlte.

Tab. 4: Die Mobilitätskarten BC 50 / BC 25 / BC 100 in Deutschland im Vergleich zum Halbtax-Ticket und dem Generalabonnement (GA) in der Schweiz (Angaben für 2017)

	BC 50 bzw. Halbtax-Ticket	BC 25	BC 100 bzw. Generalabonnement
	in Tausend		
BRD [alt]	1.365	3.953	50,3
Schweiz	2.500	–	480
BRD : Schweiz	*82,8 Mio. zu 8,5 Mio. = BRD-Bevölkerung 9,74fach größer*		
BRD [neu]	24.300	–	4.675
Steigerung BRD [neu] gegenüber BRD [alt]	17,8 (oder 4,6fach)*	–	92,9fach

* Die Zahl der BC 50 in BRD [neu] dividiert durch die Summe von BC 50 + BC 25 = 5,318 Millionen

Die Norm-Bahnpreise (als »Flexpreise« bezeichnet) müssen im Preis mindestens so gesenkt werden, wie sie seit 2001 über die Inflationsrate hinaus erhöht wurden. Das entspricht einer Reduktion um mindestens 25 Prozent. Auch sollte es wieder einen klaren Zusammenhang zwischen Entfernung und Fahrpreis geben, d. h. ein Entfernungskilometer sollte einen festen Preis haben, der dann wieder mit dem Pkw vergleichbar ist.

Schließlich sollten die Mobilitätskarten – in Deutschland die BahnCard 50 und die BahnCard 100 im Preis so gesenkt beziehungsweise in ihrer Leistung so erweitert werden, dass sie zu Massenprodukten werden.

Beispiel Schweiz

In der Schweiz verfügt der Großteil der aktiven Bevölkerung über eine Mobilitätskarte, mit der die Normalpreise halbiert werden: das »Halbtax-Ticket«. Darüber hinaus verfügt eine halbe Million Schweizer Bürgerinnen und Bürger über eine Netzkarte – »Generalabonnement – GA« genannt. Sie entspricht in etwa der BC 100, bietet jedoch deutlich mehr Leistungen als diese Netzkarten. Würde man die Verhältnisse auf Deutschland übertragen, dann sähe die Tariflandschaft in Deutschland aus wie in Tabelle 4 dargestellt.

In einer solchen – erstrebenswerten – »Bahn-Republik Deutschland« müsste dann, wenn die Verhältnisse der Schweiz übertragen würden, die Zahl der BahnCard 50 um den Faktor 17,8 gesteigert (oder die Zahl von BC 50 und BC 25 addiert um den Faktor 4,6 erhöht werden). Die Zahl der BC 100 müsste sich gar um das 92,9-Fache erhöhen. Hier ist nicht der Supersparpreis-Sparfuchs König – hier ist der Kunde Kaiser.[109]

Alles spricht dafür, die Grundstruktur der Schweizerischen Bundesbahnen (SBB) in Sachen Bahnpreise zu übernehmen.

---

109 Der Preis für eine BahnCard 50 wurde seit 2003 und bis Ende 2019 um 85 % erhöht auf (Anfang 2019) 255 Euro in der 2. Klasse und 515 Euro in der 1. Klasse. Mit der Anfang 2020 in Kraft getretenen Mehrwertsteuersenkung für spezifische Bahnfahrten gab es erstmals eine Senkung der BC 50-Kosten auf 229 Euro bzw. 463 Euro. Zum Vergleich: In der Schweiz kostet das Halbtax 185 Schweizer Franken (= 163 Euro) im 1. Jahr und 165 sFr (= 145 Euro) in allen Folgejahren, wenn es keine Unterbrechung des Abos gibt. Das Schweizer Halbtax-Ticket halbiert die Preise in *beiden* Klassen. Und es bietet wesentlich mehr Einsatzmöglichkeiten und gilt für »Zug, Schiff, Bus oder Tram«. Vereinfacht lässt sich sagen, dass das Halbtaxticket im Vergleich zur BC 50 (Stand: Anfang 2020 – die neue Mehrwertsteuersenkung bereits berücksichtigt) rund 30 % weniger kostet als die BC 50. Wobei dann noch die signifikant höheren Einkommen in der Schweiz zu bedenken sind. Vergleichbares gilt für das Generalabonnement (GA) und den Vergleich dieser Mobilitätskarte mit der BC 100. Das GA kostet in der 1. Klasse 6300 sFr (= 5575 Euro), in Deutschland kostet die BC 100 (erneut: Stand Anfang 2020) 6685 Euro. In der 2. Klasse kostet das GA 3860 sFr (3411 Euro). Die BC 100 in der 2. Klasse kostet dagegen 3952 Euro (erneut: Stand seit Anfang 2020). Das GA kostet demnach rund 15 % weniger als die BC 100 – und bringt erneut deutlich mehr Leistung (»in der ganzen Schweiz mit öffentlichen Verkehrsmitteln mobil«). Das Argument, die Schweiz sei ja kleiner als die BRD, überzeugt nicht. Grundsätzlich fahren Menschen in der Schweiz, die eine solche Mobilitätskarte haben, vergleichbar viele Bahnkilometer wie jemand in der BRD mit einer BC 50 oder BC 100.

13.
»Einen Tag im Nachtsprung gewinnen«: Der Nachtzugverkehr muss neu aufgenommen und europaweit ausgebaut werden

Nachtzüge sind ein ideales Verkehrsmittel. Mit einem »Nachtsprung« – einer Fahrt im Schlaf- oder Liegewagen über Nacht – können große Distanzen überwunden und Hotelkosten eingespart werden. Mit einem europaweiten Nachtzugnetz kann ein großer Teil des innereuropäischen Flugverkehrs zurück auf die Schiene verlagert werden.

Es ist fatal, dass die Deutsche Bahn Ende 2016 die Nachtzugverkehre einstellte. So weitete die österreichische Nachbarbahn ÖBB seit der Übernahme des deutschen Nachtzug-Wagenmaterials und eines größeren Teils der deutschen Nachtzugstrecken Ende 2016 und bis Anfang 2020 ihr Nachtzugsegment um mehr als 25 Prozent aus.

Nachtzüge sind seit rund 125 Jahren ein integraler Bestandteil des Schienenverkehrs. Während sie ein halbes Jahrhundert lang überwiegend den Reichen und der gehobenen Mittelschicht ein Reisevergnügen bescherten, entwickelte sich der Nachtzugverkehr in Europa ab den 1980er Jahre zu einem Massengeschäft im Urlaubs- und Freizeitverkehr. Dazu kam eine feste Klientel von Menschen, die berufsmäßig viel unterwegs waren, sich Hotelkosten sparen und Flughafen-Stress meiden wollten. Mit der Entwicklung und Anschaffung von neuem Wagenmaterial mit wesentlich größerem Komfort – darunter auch sogenannte Hotelzüge, teilweise in Verbindung mit Autoreisezügen – öffneten sich Ende der 1990er Jahre neue Märkte.

Bereits im Jahr 1995 funktionierten Nachtzüge der DB AG wie ein fahrendes Büro auf damaligem Hightech-Niveau; die Deutsche Bahn AG berichtete stolz über mehrere Bundestagsabgeordnete, die als »Berufspendler« den Nachtzug nutzten. Originell mutet aus heutiger Sicht an, wenn der damalige CDU-Senator Peter Radunski in einer Publikation der Deutschen Bahn äußerte: »Ich pendle drei Mal die Woche zwischen Berlin und Bonn. Immer, wenn ich Termine unbedingt einhalten muss, nehme ich die Bahn.«[110]

Wer heute Nachtzüge propagiert, wird gerne als Nostalgiker bezeichnet. Es wird ja wohl Gründe gegeben haben, dass zumindest in Deutschland die Nachtzüge eingestellt wurden. Doch warum? Und warum in Zeiten der Klimakrise?

Gab es zu wenige Fahrgäste? Nein! Das Gegenteil ist der Fall. | Das Segment der Nachtzüge brachte es in den 1980er und 1990er Jahre auf einen Umsatzanteil von zeitweilig mehr als 15 Prozent des Fernverkehrs, auf deutlich mehr als 10 Prozent der Transportleistung (bei den Personenkilometern), und auf mindestens zehn Prozent bei der Zahl der Fahrgäste (Verkehrsaufkommen). Diese Zahlen decken sich mit denen, die von der ÖBB genannt werden.[111]

War der Nachtzugverkehr verlustreich? Nein! Jedenfalls nicht, wenn man die Tricks berücksichtigt, mit denen rote Zahlen herbeigerechnet wurden. | Im Gründungsjahr der DB AG, 1994 hieß es: »Die Mitropa AG [damals die Nachtzug-Tochter der DB; d. Verf.] schloss mit einem positiven Ergebnis ab«.[112] Auch als 2002 Mitropa in einer Nacht-und-Nebel-Aktion von Bahnchef Hartmut Mehdorn

110 Peter Hays: »Service à la carte – Wenn die Zeit im Schlaf vergeht«, in: *Zug* Nr. 3/1995, S. 20.

111 Zum Umfang des Nachtzugverkehrs finden sich z. B. im Geschäftsbericht der DB AG 1999 die Angaben, wonach dieser 1998 noch 3,5 Mrd. Personenkilometer (Pkm) ausmachte. Gemessen am gesamten 1998er Fernverkehr mit 31,7 Mrd. Pkm entsprach dies 11 %.

112 Geschäftsbericht Deutsche Bahn AG 1994.

liquidiert wurde, erfolgte dies, obgleich das Unternehmen 2001 eine »schwarze Null« schrieb.[113]

Gab es für die Nachtzüge keine Perspektiven? Ganz im Gegenteil! Anfang der 1990er Jahre gab es in Sachen Nachtzug sogar eine Aufbruchsstimmung. | 1992 wurde die Gesellschaft DACH gegründet, in der die damalige Bundesbahn, die ÖBB und die SBB einen größeren Teil ihrer Nachtzugaktivitäten zusammenfassten. Dieses Projekt war ausdrücklich mit der Idee der Völkerverständigung verbunden. Es handle sich hier, so ein Bahnsprecher, um eine Art »Europäische Union im Kleinen«.[114] In ausführlichen Artikeln in der Zeitschrift *Zug* der DB AG wurde die Nachtzug-Offensive beschrieben und der neue Komfort hervorgehoben – als »Stern-Fahrt durch die Nacht«.[115] In den Medien fand die Konzeption positiven Widerhall, etwa wenn die *Berliner Zeitung* das »nachtblaue Hotel auf Schienen« lobte und in der Ausgabe vom 31. Mai 1996 schrieb: »Im Bett liegen und durch das Dachfenster nach Sternschnuppen im Nachthimmel suchen: Das gehört zu den schönsten Dingen, die es in dem deutsch-österreichisch-schweizerischen Doppelstockzug zu tun gibt.« Im 1994 neu eingeführten innerdeutschen Nachtzug *InterCityNight* (ICN) wurde eine breite Service-Palette angeboten. Aus dem Werbeprospekt: »Der ICN orientiert sich an Hotel-Standards. Persönlich oder per Telefon aus Ihrem Abteil können Sie hier einen Platz für das Frühstück im Restaurant reservieren. […] oder ein Funktelefon ausleihen, […] Wollen Sie noch ein Fax absenden oder benötigen Sie dringend Fotokopien von Ihren Unterlagen? […] Telefax-Gerät (wir berechnen nur die angefallenen Gebühren), […] D-Netz-Funktelefon (es werden ebenfalls nur die angefallenen Gebühren berechnet) […] Kopierer (dieser Service ist gebührenfrei). Die Rezeption im Nacht-

113 »Schwarze Null«-Zitat u. a. nach einem Artikel in der Financial Times Deutschland vom 16. Mai 2002.

114 In: Zug, 5/1995.

115 In: Zug, 5/95 und 12/95.

zug ist durchgehend geöffnet.«[116] Noch 2003 wurden neue Investitionen und eine neue Schlafwagengeneration versprochen. O-Ton DB-Zeitschrift *mobil*: »›Die Aussage: Ich kann im Zug nicht schlafen, gilt bei unserem leisen und luftgefederten Hightech-Fahrzeug nicht mehr‹, sagt Winfried Czilwa, Geschäftsführer von AutoZug [der damals neuen Dachgesellschaft für die DB-Nachtzugaktivitäten]. ›So werden wir neue Kundenkreise und neue Märkte erschließen. Denn dieser Schlafwagen ist für Tempo 200 konzipiert und kommt dadurch im Nachtsprung noch weiter, so zum Beispiel von Berlin nach Paris oder vielleicht auch nach Mailand.‹«[117]

In Wirklichkeit hatte zu diesem Zeitpunkt bereits der Abbau der Nachtzugaktivitäten der Deutschen Bahn eingesetzt – mit verwirrendem mehrfachem Wechsel der Nachtzug-Marken-Bezeichnungen, mit der Außerbetriebsetzung dieser hochwertige Züge wie dem komfortablen und extrem laufruhigen »Talgo«.[118] Sehr gut frequentierte Nachtzugverbindungen, so Berlin – Paris, wurden eingestellt. Speisewagen wurden aus den Nachtzügen herausgenommen. Immer wieder erlebten Nachtzugfahrgäste, dass anstelle des gebuchten Abteils mit Dusche und WC ein Wagen ohne Dusche und WC oder gar nur ein Liegewagen eingesetzt wurde. Bei der Buchungsmaske des Internetauftritts der DB gab es eine systematische Benachteiligung der Nachtzüge – u. a. hieß es bei Nachtzügen im DB-eigenen Internet-Auftritt jahrelang »Preisauskunft nicht möglich«. Auf diese Weise wurde der Komfort sukzessive verschlechtert. Dazu kamen immer massivere Manipulationen bei den behaupteten Fahrgastzahlen und

116 ICN-Prospekt »Stand 1.10.1994«.

117 Olaf Krohn: Das neue Nachtleben der Bahn, in: mobil, 12/2003.

118 Bereits 1998 wurde das Nachtzuggeschäft der DB Fernverkehr ausgegliedert und mit der 1997 gegründeten DB-AG-Tochter AutoZug vereint. 2004 wurde die Zuggattung ICN aufgegeben. Die Talgo-Züge rollten kurzzeitig unter der Marke DB NachtZug. DB NachtZug wurde dann Ende 2007 aufgegeben; nun wurde die Marke DB CityNightLine eingeführt. Bereits 2009 endete der Einsatz der ICN-Talgo-Züge, die erst 15 Jahre zuvor für 124 Millionen DM beschafft worden waren. Die zitierte Kooperation DACH wurde nach wenigen Jahren wieder aufgegeben (Ausstieg ÖBB 1997, Ausstieg SBB 2000).

der betriebswirtschaftlichen Bilanz. Dieses gezielte Schlechtrechnen wurde ausführlich und überzeugend dokumentiert.[119]

Obgleich es in den Jahren 2015 und 2016 steigende Fahrgastzahlen gegeben hatte, wurde am 15. Dezember 2016 der gesamte Nachtzugverkehr der Deutschen Bahn AG eingestellt. Ignoriert wurden der vielstimmige Protest der Stammkunden, von Umweltverbänden und der Belegschaft der Nachtzugtochter der DB und hunderte kritische Kommentare in den Medien.

Mit den Nachtzügen wurde auch das zugehörige Informations- und Buchungssystem aufgegeben. So ist es zwar noch (einmal pro Woche) möglich, mit einem Nachtzug von Berlin nach Paris zu fahren. Dazu muss aber auf einer russischen Internetseite gebucht werden, eine Fahrt kostet 13.400 bis 20.000 Rubel (192 bis 285 Euro). Ein Flug ist schon für 28 Euro zu bekommen.

Die Proteste gegen die Einstellung der Nachtzüge haben sich bis heute fortgesetzt. Sie wurden in jüngerer Zeit intensiviert und fanden in der Kampagne »back on track« einen organisatorischen Träger.[120] Im Zusammenhang mit der 2019 neu entstandenen Klimabewegung gewinnt die Forderung nach der Wiederaufnahme der Nachtzüge und nach dem Aufbau eines europaweiten Nachtzugnetzes eine neue Dimension.

Das Bündnis »Bahn für Alle« hat zusammen mit größeren Teilen des Personals der damaligen DB-Nachtzüge eine mehrjährige Kampagne zum Erhalt der Nachtzüge durchgeführt. In diesem Rahmen wurde ein europaweites Nachtzug-Konzept mit dem Markennamen »LunaLiner« entwickelt.[121] Eine Tabelle, die weitgehend auf der Kon-

---

119 Siehe: Joachim Holstein: Stellungnahme zur öffentlichen Anhörung des Verkehrsausschusses des Deutschen Bundestags am 14. Februar 2015 zum Thema »Nachtzüge«, wiedergegeben in: Lunapark21, Extra 12/13, Sommer 2016, S. 26 ff.

120 Siehe: https://back-on-track.eu.

121 Das LunaLiner-Konzept wurde in der erwähnten Publikation Lunapark 21 (Extra 12/13) veröffentlicht. Die Kampagne wird bis heute fortgeführt; siehe: www.nachtzug-bleibt.eu/zukunft. Siehe auch den Artikel zum aktuellen Stand von Joachim Holstein in: Lunapark 21 Extra 18/19.

zeption LunaLiner basiert, führte die Nachtzugverbindungen auf. Es wird deutlich, welche Chancen in der Entwicklung eines solchen europaweiten Nachtzugnetzes gerade in den Zeiten der Klimakrise stecken.

Und wie wirbt man am besten für ein solches beeindruckendes Nachtzugnetz? Am besten wie folgt:

»Wann genießen Sie die grenzenlosen Vorteile der Nachtzugreise?

- Sie können die Zeit an Bord zur Erholung oder Arbeit nutzen
- Sie reisen sicher und wetterunabhängig
- Sie genießen den Komfort und den aufmerksamen Service an Bord Ihres Nachtzuges
- Sie können ihr Sportgerät wie Fahrrad, Ski mitnehmen
- Sie sparen Benzin- und Mautkosten
- Sie sparen Hotelkosten
- Sie sparen Transferkosten vom Flughafen in die Stadt
- Sie »landen« mitten in der Stadt
- Sie gewinnen über Nacht mehr als einen ganzen Tag
- Sie kommen morgens ausgeschlafen an
- Sie müssen sich nicht von den Strapazen einer anstrengenden Autoreise erholen
- Sie brauchen bei der Ankunft nicht auf Ihr Gepäck zu warten
- Sie genießen auch Ihren Abreisetag unbeschwert, da Sie Ihre Heimreise erst abends antreten.«

Ok. Wir haben es uns hier einfach gemacht. Und schlicht den Text abgeschrieben, mit dem die Deutsche Bahn noch vor rund 15 Jahren für ihre Nachtzüge warb.[122] Auf ein Neues.

122 Deutsche Bahn: Ihre Nachtzugreise in die schönsten Länder Europas und ihre Metropolen. Gültig vom 14.12.2003 bis 12.6.2004.

14.
Der enorm das Klima schädigende Flugverkehr wird drastisch reduziert – durch Vermeiden, Verteuern und Verlagern auf die Schiene

Der Flugverkehr trägt in besonderer Weise zur Klimaerwärmung bei. Erstens weil beim Fliegen neben CO_2 weitere Substanzen freigesetzt werden, die in der Summe die Klimawirkung des Fliegens deutlich erhöhen.[123] Und zweitens weil keine andere motorisierte Verkehrsart derart schnell wächst wie der Flugverkehr. Aktuell trägt der Flugverkehr bereits mit gut fünf Prozent zur vom Menschen verursachten Klimaerwärmung bei. Tendenz schnell steigend. Dabei ist Fliegen auch heute eine elitäre, nur von einem Bruchteil der Weltbevölkerung praktizierte Form des Reisens. Der Flugverkehr muss im Rahmen einer Verkehrswendepolitik massiv reduziert werden. Ein größerer Teil kann auf die Schiene verlagert werden.

Fliegen ist die klimaschädlichste Transportform. Pro 1000 Personenkilometer verursacht ein Flug im Schnitt 18 Mal so viel Kohlendioxid wie die Bahn und drei Mal so viel wie ein Pkw.[124] Trotz dieser Ne-

---

123 Das österreichische Umweltbundesamt empfiehlt, diese anderen Effekte mit einem »Radiative Forcing Index (RFI)« von 2,7 zu berechnen, also 2,7 mal die Wirkung von CO_2. Das deutsche Umweltbundesamt verwendet den »Emission Weighting Factor (EWF)«, wonach die CO_2-Emissionen im Luftverkehr mit dem Faktor 2,0 zu bewerten sind, also die doppelte Wirkung der CO_2-Emissionen z. B. im Straßenverkehr.

124 Wir stützen uns bei diesen Angaben auf die Ausarbeitung »Grünes Fliegen – gibt es das?« von Finance & Trade Watch / Global 2000, Wien, November 2017. Die dort aufgeführten Daten basieren im Wesentlichen auf offiziellen Dokumenten des österreichischen und des deutschen Umweltbundesamtes und auf aktueller wissenschaftlicher Literatur.

gativbilanz wächst der Flugverkehr deutlich überproportional. Von 1990 bis 2020 stieg der Ausstoß von CO_2 weltweit um 50 Prozent. Im gleichen Zeitraum haben sich die CO_2-Emissionen des Flugverkehrs verdoppelt. Dieses gefährliche Wachstum könnte sich noch erhöhen. Nach einer Prognose des Flugzeugherstellers Boeing wird sich der Weltflugverkehr in den nächsten zwei Jahrzehnten nochmals verdoppeln. Derzeit befinden sich weltweit mehr als 400 Airports in Bau, gut 50 davon in Europa. In Deutschland hat sich der Flugverkehr in den letzten zwei Jahrzehnten (2000 bis 2019) knapp verdoppelt.[125]

Ähnlich wie im Fall der Autolobby entstand in jüngerer Zeit eine enorm schlagkräftige, mit den Medien gut vernetzte Flugverkehrslobby, hinter der der Flugzeughersteller Airbus, die Großflughäfen, die regionalen Airports und deren Interessenverbände stehen. So gibt es heute die drei Erzählungen »Es fliegt doch jeder«, »Fliegen ist Teil der modernen Lebensqualität« und »Fliegen gehört zum Grundbedürfnis Mobilität«. Es lohnt, diese Statements einer kritischen Betrachtung zu unterziehen.

Wer fliegt? | Die gängige Erzählung lautet: Es gab eine »Demokratisierung des Fliegens«. Dazu habe vor allem die Boeing 747 den entscheidenden Beitrag geleistet.[126] Richtig ist, dass sich die Zahl der Fluggäste in den letzten fünf Jahrzehnten weltweit rund verzehnfacht hat. Neue Großraumflugzeuge haben dazu erheblich beigetragen. Heute befinden sich in jedem Augenblick weltweit rund eine halbe Million Menschen in einem Flugzeug in der Luft. Pro Tag sind es – erneut weltweit – rund 12 Millionen Fluggäste; jährlich 4,3 Milliarden. Das erweckt den Eindruck großer Zahlen. Tatsächlich gibt es allein in Deutsch-

125 Im Jahr 2000 gab es 73 Millionen Passagiere, die von deutschen Flughäfen starteten. 2019 waren es 133 Millionen. Nach: Verkehr in Zahlen bzw. Mitteilung des Statistischen Bundesamtes.

126 »Die Boeing 747 […] demokratisierte das Fliegen. Dank der Sitzkapazität konnten Ferienflieger Passagen von Deutschland nach New York ab 600 Mark anbieten – sonst waren 2000 Mark üblich.« Andreas Späth, Die Demokratisierung des Himmels, in: Süddeutsche Zeitung vom 11. Oktober 2003.

land aktuell jährlich mehr als 12 Milliarden Fahrgäste in den öffentlichen Verkehrsmitteln Bahn, Tram und Bus; an einem Tag sind es mehr als 30 Millionen. Weltweit liegt die Zahl der Öffi-Fahrgäste bei mehr als dem Hundertfachen der Flugpassagier-Zahl. Hinzu kommt die erheblich ungleiche Verteilung der Fluggäste nach Regionen und gesellschaftlichen Schichten. Weniger als fünf Prozent der Menschen, die 2020 leben, saßen je in einem Flugzeug. Mehr als die Hälfte des gesamten Weltflugverkehrs entfällt auf Nordamerika und Westeuropa – Regionen, in denen nur rund 15 Prozent der Menschheit leben. Auf Lateinamerika und Afrika, wo knapp 30 Prozent der Weltbevölkerung leben, entfallen nur 11 Prozent des Weltflugverkehrs. Hinzu kommt: Wer konkret den Flugverkehr innerhalb der Länder nutzt, ist höchst unterschiedlich. Dies steht in direktem Zusammenhang zum Einkommensniveau. Es war die Grünen-nahe Heinrich-Böll-Stiftung, die darauf verwies, dass Mitglieder der Grünen und Grüne-Wählerinnen und -Wähler deutlich überproportional oft fliegen.[127] Und dass es die Vermögenden, die Geschäftsleute und die Politikerinnen und Politiker sind, die massiv zum Flugverkehr beitragen.[128] Dabei setzt die Flugverkehrslobby auch auf korrumpierende Mittel.[129]

127 Oben. Ihr Flugbegleiter. Heinrich Böll Stiftung, Airbus Group, 2016, S. 14 f.

128 2018 gab es seitens der Ministerien der GroKo-Regierung 220.000 dienstliche Inlandsflüge, das sind mehr als 600 täglich. Ein wesentlicher Grund: Alle Ministerien haben einen zweiten Standort in der ehemaligen Hauptstadt Bonn. Der Nachtzug Bonn – Berlin wurde vor zwei Jahrzehnten eingestellt.

129 1998 erhielten alle Bundestagsabgeordneten eine Lufthansa-»Senator«-Karte. Damit füllten alle LH-Flüge, die dienstlich – vom Bundestag bezahlt – unternommen wurden, das private miles&more-Konto auf. Dies führte auch dazu, dass im Bundestagswahljahr 2002 MdBs der PDS und wenige Grüne auf der Titelseite von *Bild* angeprangert wurden, sie hätten dienstlich erworbene Meilen für – dann genau aufgeführte – einigermaßen luxuriöse Privatflüge genutzt. Die PDS scheiterte dann im Herbst 2002 an der 5-Prozent-Hürde. Air Berlin schenkte noch 2010 allen Bundestagsabgeordneten eine »topbonus Card Gold«. Die Leistungen dieser Karte: kostenlose »XL-Flugsitze mit mehr Beinfreiheit, ein 40 %-Bonus auf alle gesammelten Air-Berlin-Meilen und die bevorzugte Abfertigung beim Check-in und Boarding«. Darüber hinaus erhielten mehr als 100 Personen eine ganz besondere Air-Berlin-Karte, die ihnen und ihren Angehörigen den *kostenlosen*

Ist Fliegen Teil von Lebensqualität? | Weltweit kann sich also ein Bruchteil der Bevölkerung Fliegen leisten. In diesen Kreisen – die in Deutschland mehr als ein Drittel der Bevölkerung umfasst – dürfte Fliegen als Teil der Lebensqualität empfunden werden. Dass der Flugverkehr, wie beschrieben, erheblich zur Klimaverschlechterung und damit zumindest perspektivisch zur Senkung der Lebensqualität *aller* beiträgt, wird kaum beachtet. Doch es gibt heute bereits spürbare Folgen des Fliegens, die die Lebensumstände von Millionen Bürgerinnen und Bürgern verschlechtern. In Deutschland leiden heute bereits 800.000 Menschen an Fluglärm; rund 200.000 Menschen werden allnächtlich in ihrem Schlaf durch Nachtflüge gestört.[130] Seit mehr als einem Jahrzehnt gibt es wissenschaftliche Studien, wonach Fluglärm und verschiedene spezifische Emissionen der Flugzeuge bei Start, Landung und im Überflug bei vielen hunderttausend Menschen pro Jahr allein in Deutschland massive gesundheitliche Schädigungen hervorrufen.[131] Das Umweltbundesamt geht davon aus, dass die durch den Flugverkehr hervorgerufenen »externen Schäden« im Jahr 2014 bereits 5,74 Milliarden Euro ausmachten und dass sich diese Schäden bis 2030 auf jährlich 8,4 Milliarden Euro erhöhen.[132] Die Antwort auf die Frage, inwieweit Fliegen Teil der Le-

---

Transport in Air-Berlin-Maschinen garantierte. Die Namen dieser 100 Promis wurden nie bekannt gegeben. Angaben nach: Air Berlin beschenkte die Bundestagsabgeordneten, in: Berliner Zeitung vom 11. Oktober 2010.

130 Fluglärm definiert nach regelmäßiger Fluglärmbelästigung mit mehr als 55 Dezibel. Angaben des Umweltbundesamts (Dessau).

131 Eberhard Greiser, Risikofaktor nächtlicher Fluglärm. Abschlussbericht über eine Fall-Kontroll-Studie zu kardiovaskulären und psychischen Erkrankungen im Umfeld des Flughafens Köln-Bonn. Im Auftrag des Umweltbundesamtes (FKZ 3708 51 101), Schriftenreihe Umwelt und Gesundheit 1/2010. Aktuelles Interview mit Prof. Greiser: Todesfälle durch Fluglärm sind abschätzbar, Deutsche Welle vom 21. Dezember 2017.

132 Szenario Luftverkehr Deutschland unter Einbeziehung von Umweltaspekten, Umweltbundesamt, Dessau Dezember 2018, S. 49f. Der Umsatz der Luft- und Weltraumbranche lag 2018 bei 40 Milliarden Euro, der des zivilen Luftfahrtsektors bei rund 29 Milliarden Euro. Die vom Umweltbundesamt ermittelten 5,7 Mrd. Euro externe Kosten entsprechen 19,7%.

bensqualität sei, lautet: Fliegen trägt vor allem zur Verschlechterung der Lebensqualität der Gesamtbevölkerung bei.

Ist Fliegen Teil des Grundbedürfnisses Mobilität? | Richtig ist, dass Fliegen zum festen Bestandteil der praktizierten Mobilität von Millionen Menschen wurde. Doch *warum* ist das so? Es gibt kein »Grundbedürfnis Mobilität« und schon gar kein »Grundbedürfnis Fliegen«. Mobilität ist, wie dargestellt, zweckgebunden: Es gibt die Bedürfnisse und die Notwendigkeit zu arbeiten, einzukaufen, Freizeit zu praktizieren – und dabei stellt sich die Frage, wie diese Zwecke realisiert werden können; welche Mobilität dafür jeweils erforderlich ist. Die Ziele, die mit Fliegen verbunden sind, sind im Wesentlichen der Genuss von Freizeit, Urlaub, Kultur und das Realisieren von Geschäftsterminen. Alle diese Zwecke können auch auf andere Weise realisiert werden. Bei geschäftlichen Treffen ist es besonders auffällig, dass es seit mehr als zwei Jahrzehnten die Möglichkeit für Video-Konferenzen und Skypen gibt – dennoch steigt die Zahl der Geschäftsreisen von Jahr zu Jahr.

Warum wächst der Flugverkehr überhaupt? | Weil die Subventionen, die dem Flugverkehr zufließen, und die Gewinne aus Lohn-, Sozial- und Umweltdumping von Jahr zu Jahr größer werden. Dadurch konnten die Ticket-Preise derart drastisch gesenkt werden. Inzwischen ist auch das Zeitargument nicht mehr entscheidend für Flüge. Auf der Verbindung München – Berlin wuchs trotz Inbetriebnahme der Hochgeschwindigkeitsstrecke, die 10 Milliarden Euro kostete, der Flugverkehr auch 2018 und 2019, also nach Inbetriebnahme dieser ICE-Verbindung. Dabei gelangt man inzwischen mit dem ICE schneller von Stadtmitte zu Stadtmitte.[133]

133 Im innerdeutschen Flugverkehr dauern gut die Hälfte der Tür-zu-Tür-Verbindungen länger als vergleichbare Zugfahrten. Zur reinen Flugzeit ist die An- und Abfahrtszeit zum Flughafen, Sicherheitskontrolle, Gepäckaufgabe und Check-in hinzuzurechnen, so dass Ein-Stunden-Flüge real drei bis fünf Stunden Reisezeit erfordern. Kurzstreckenflüge sind im Verhältnis zur zurückgelegten Weglänge besonders klimaschädlich.

Doch die Billig-Tickets täuschen. Die tatsächlichen Kosten des Flugverkehrs sind nicht gesunken. Vielmehr wird ein immer größerer Teil auf die Gesamtbevölkerung übertragen. Subventioniert werden fast alle Airports, sehr viele Airlines und die Flugsicherung. Die beiden großen, den Weltmarkt zu 95 Prozent beherrschenden Flugzeughersteller – in den USA Boeing, in Europa der deutsch-französische Konzern Airbus – sind beide zugleich die führenden Rüstungskonzerne in ihrer jeweiligen Region (in den USA respektive in der EU). Sie sind weitgehend von staatlichen Rüstungsaufträgen abhängig.[134] Hinzu kommt, dass ein großer Teil der Nachfrage nach den zivilen Flugzeugen von staatlichen oder stark staatlich beeinflussten Airlines kommt. Das wiederum heißt: Diese Flugzeughersteller werden faktisch überwiegend staatlich subventioniert. Das gilt auch für einzelne Flugzeugtypen. Allein für den Bau des Mega-Fliegers A380 wurden 5 Milliarden Euro Steuergelder bezahlt. Das Flugzeug war ein Flop; seine Produktion wurde 2019 eingestellt.[135]

Der Flugverkehr wird damit in absoluter Euro-Höhe, und erst recht gemessen an seiner relativ geringen Bedeutung, so stark wie keine andere Branche durch die Gesamtbevölkerung steuerlich unterstützt; Jahr für Jahr fließen allein auf Ebene des Nationalstaats Deutschland deutlich mehr als 12 Milliarden Euro Steuergelder dieser Branche zu; weltweit dürften es mehr als 100 Milliarden US-Dollar pro Jahr sein.[136] Das bedeutet für Deutschland, dass jedes

---

134 Bei Boeing beträgt der Umsatz mit Rüstungsgütern 50 %; bei Airbus sind es rund 25 %. Boeing ist inzwischen mit dem brasilianischen Flugzeughersteller Embraer verbunden, der ebenfalls einen großen Teil seines Umsatzes im Rüstungsbereich tätigt.

135 Winfried Wolf: Das Aus des A380, www.nachdenkseiten.de, 19. Februar 2019.

136 Die Mehrwertsteuerbefreiung für den grenzüberschreitenden Flugverkehr beläuft sich auf knapp 5 Milliarden Euro, die Kerosinsteuerbefreiung ist auf jährlich 7,1 Milliarden Euro zu veranschlagen, die Airports in Deutschland werden jährlich mit rund einer Milliarde Euro bezuschusst. Hinzu kommen Hilfen für Airbus, die Flugsicherung und die Infrastruktur im Umfeld der Airports. Allein die Flugsicherung wurde 2014 mit 500 Millionen Euro vom Staat bezuschusst.

Flugticket um gut 100 Euro teurer sein müsste, wenn allein diese direkten Subventionen Berücksichtigung fänden. Werden die ermittelten externen Kosten mit einbezogen, sind es 150 Euro. Hinzu kommt ein extremes Sozialdumping bei den Beschäftigten auf den Airports, beim Boden- und Kabinenpersonal und inzwischen auch bei den Piloten.[137] In der Corona-Krise befand sich die Branche der Flugzeughersteller (Boeing, Airbus), der Flughafen-Betreiber und der Airlines (Lufthansa, Austrain Airlines, Swiss) in der ersten Reihe, um Staatshilfe zu erbeten. In den USA schnürte die Trump-Administration bereits im März ein erstes, gewaltiges Unterstützungspaket für drei US-Airlines. Es kann durchaus sein, dass es nach dem »Grounding«, das die Airlines in der Corona- und Wirtschaftskrise erleben, nach überwundener Krise (und in Kombination mit dem erneut extrem niedrigen Ölpreis) zu einem erneuten Höhenflug des Flugverkehrs, dann auf Basis von nochmals stärkerer Subventionierung, kommt.

Diese Rundum-sorglos-Subventionierung des Flugverkehrs führt dazu, dass sich heute eine vierköpfige Familie mit einem durchschnittlichen Haushaltseinkommen eine jährliche Urlaubsreise nach Mallorca oder auf eine griechische Insel leisten kann, da der Hin- und Rückflug für vier Personen unter 500 Euro liegt. Ohne Subventionen läge er bei 900 Euro; unter Einbeziehung der externen Kosten wären 1200 Euro zu bezahlen. Unter der Bedingung, dass der volle Preis zu abgefordert wird, dürfte ein Teil der Normalver-

137 Nach einer Studie der Universität Gent waren 2015 mehr als 50 % der damals 3000 Ryanair-Piloten nicht direkt bei Ryanair angestellt. Sie werden stattdessen von Personalagenturen wie Brookfield vermittelt und sind verpflichtet, mit Hilfe von durch Ryanair ausgewählten Kanzleien Gesellschaften mit beschränkter Haftung nach irischem Recht zu gründen. Die Piloten sind dann Geschäftsführer ihrer eigenen Gesellschaft; sie arbeiten als Selbständige. Die Airline spart sich Urlaubs- und Krankengeld, die Sozial- und Arbeitslosenversicherung. Als 2018/19 bekannt wurde, dass Ryanair illegal Flugbegleiter beschäftigte, gab es dafür in Italien eine saftige Strafe. In Deutschland halfen die Behörden, dieses Modell zu legalisieren. Nach: Anette Dowideit, Persilschein für Ryanair, in: Welt am Sonntag vom 29. März 2019.

diener auf diese Flüge und diese Art Urlaub verzichten. Es käme zu einer Verlagerung von Urlaubsverkehr an Ostsee, Nordsee, ins Sauerland bzw. in Schwarzwald und Bodensee oder in andere näher liegende Urlaubsgebiete. Für die regionale Tourismusbranche, die seit Jahrzehnten darniederliegt, wäre dies belebend. Dass damit die Lebensqualität der Betroffenen sinken würde, darf bezweifelt werden.[138]

Anstatt Nord- und Ostsee, Sauerland oder Schwarzwald und Bodensee könnte diese Familie sich aber auch entschließen, am ersten Tag des Schulferienbeginns nachmittags mit dem Zug nach München zu fahren, dort im Hauptbahnhof um 21.27 Uhr in den Nachtzug einzusteigen, um am nächsten Morgen um 10.10 Uhr weit unten in Süditalien, in Pescara an der Adria-Küste, auszusteigen. Alle, vor allem die Kids, wären begeistert, weil es nicht die Reduktion von Gepäck, die bei den Billigfliegern von Ryanair besonders krass ist, geben würde. Und die gesamte Familie würde die Nachtfahrt im gemeinsamen Liegewagenabteil (bei Kosten von nur 22 Euro pro Person und Fahrtrichtung im Fall des günstigsten Tarifs) genießen.

Eine andere Familie könnte am Urlaubsziel Griechenland festhalten, und um 20.56 Uhr ihre Reise mit dem durchgehenden Schlaf- und Liegewagenzug in München beginnen, morgens gegen 10 Uhr zwischen Zagreb und Belgrad – natürlich immer noch in ein und demselben Zug – ein Frühstück einnehmen, um am späteren Nachmittag um 15.59 Uhr in Athen anzukommen.

---

138 Kurz vor Endredaktion dieser Publikation – Ende Februar 2020 – und noch vor der Zuspitzung der Corona-Epidemie in Deutschland prüften die Verfasser die entsprechenden Flugpreise für einen Mallorca-Urlaub im Juni/Juli 2020. Ein früheres Buchen hätte wohl nochmals günstigere Flugtarife ergeben. Ergebnis: Für Flüge Frankfurt/M. – Palma de Mallorca und zurück gab es erste Angebote bei Ryanair von 100,56 Euro pro Person, für die genannte Familie also Flugkosten in Höhe von gut 400 Euro. Der günstigste Flug bei der Airline Condor lag bei 161 Euro pro Person. Der günstigste Tarif bei der deutschen Billig-Airline Tuifly wurde mit 175 Euro pro Person angeboten. Die Lufthansa-Tochter Swiss stieg mit 202 Euro (oder 808 Euro für die vierköpfige Familie) ins Rennen ein.

Einverstanden, diese Zugverbindungen gibt es nicht. Genauer: Es gibt sie nicht mehr. Es gab sie exakt so, wie hier angegeben, vor 17 Jahren. Wobei die Reisezeiten inzwischen kürzere sein könnten, wenn die Züge denn wieder eingeführt und die Schieneninfrastruktur dort, wo noch nicht erfolgt, optimiert werden würde.[139]

Bilanz | Der Flugverkehr wird massiv subventioniert und verbilligt. Nur dadurch hat er das aktuelle Ausmaß annehmen können. Er muss bereits aus Gründen des Klimaschutzes im Rahmen einer Verkehrswende drastisch reduziert werden. Erste Schritte auf diesem Weg sind die Besteuerung von Kerosin, eine Flugverkehrsabgabe von 50 bis 100 Euro pro Flug, der Stopp jeglicher Subventionierung von Flughäfen und die Beendigung des Sozialdumpings bei den Fluggesellschaften. Eine Verlagerung eines größeren Teils des Flugverkehrs auf die Schiene ist bereits rein strukturell vorstellbar: mehr als 60 Prozent aller Flüge auf den Berliner Airports und mehr als 50 Prozent aller Flüge auf dem Frankfurter Flughafen liegen unterhalb der Distanz von 800 Kilometern.[140]

---

139 Angaben für die Fahrt München – Pescara und München Rijeka nach: Deutsche Bahn, Ihre Nachtzugreise 2003/2004. Als normale Preise – »Globalpreise« – wurden dort für die Hin- und Rückfahrt im Fall München – Pescara genannt: 480 Euro für das gesamte Liegewagen-Abteil (für sechs, fünf oder vier Personen) und 562 Euro für ein komplettes Schlafwagenabteil (für eine 3er-, 2er- oder 1-Personen-Belegung). Für die Fahrt München – Rijeka waren keine »Globalpreise« aufgeführt. Die Angaben für die Fahrt München – Athen basieren auf dem 1966er Fahrplan des »Hellas-Express« der Deutschen Bundesbahn. Vergleichbare Verbindungen Deutschland – Griechenland gab es bis Anfang der 1990er Jahre. Die angegebenen Preise für die Bahnfahrten nach Pescara und Rijeka auch nach der erwähnten Broschüre.

140 Eine detaillierte Auflistung der Entfernungen des Frankfurter Airports findet sich in der Antwort der Bundesregierung auf die Kleine Anfrage von Sabine Leidig und der Fraktion der Linken zum Thema »Potenzial der Verlagerung von Flügen auf die Bahn am Flughafen Frankfurt/M., Bundestagsdrucksache 17/9016 vom 4. April 2012. Damals lag der Anteil von Flügen im Entfernungsbereich bis 800 km bei 53,2 %.

Infobox 2

Autonomes Fahren

Der Verkehrssektor erlebt derzeit unter dem Begriff »Digitalisierung« einen Angriff auf Arbeitsverhältnisse und die Ausgestaltung des Öffentlichen an sich. Risikokapitalfinanzierte Start-ups kooperieren mit IT-Großfirmen, mit Plattformen wie Uber und Autokonzernen. Letztere investieren derzeit jährlich zusammen über eine Milliarde Euro. Im Zentrum steht die Entwicklung von sogenanntem Autonomen Fahren.

Wie im Fall »Elektromobilität« ist schon die verwendete Sprache nicht neutral. Der Mensch geht autonom. Er fährt auf dem Rad autonom. Er kann im Fall eines effizienten und vertakteten öffentlichen Verkehrs seine Mobilität völlig autonom gestalten. »Autonomes Fahren« meint hingegen fahrerloses, fremdgesteuertes Fahren in einer Art Roboter-Taxi.

Roboter-Taxis werden durch riesige Mengen an Daten über Infrastruktur und Verkehrsteilnehmer in einer Art Schienenbusverkehr geleitet. Die Schiene ist dabei der digital abgebildete Straßenraum. Dazu kommen live gesammelten Daten. Eine gigantische Software verarbeitet alles in Echtzeit. Die Künstliche Intelligenz benötigt hektargroße Serverparks. BMW ist z. B. eine Kooperation mit dem Online-Spiele-Spezialisten Tencent eingegangen, um in China ein Rechenzentrum zu bauen.

Mit der Vision vom selbstfahrenden Auto wird die Hoffnung geweckt, auch Menschen, die sich keinen Chauffeur leisten können, dürften im Auto hinten sitzen, beim Fahren arbeiten, schlafen oder aus dem Fenster schauen wie beim Zugfahren. Damit bleiben die Straßen dem Auto vorbehalten. Es werden auch neue Autofahrten generiert: Eine neue

Pendlergeneration könnte in selbstfahrenden Autos täglich drei, vier oder mehr Stunden auf den Straßen verbringen. Google sowie Mobilfunkanbieter investieren auch ins Autonome Fahren. In jeder zusätzlichen Minute, in der ungestört das mobile Internet genutzt werden kann, wird ein Umsatzpotenzial von Milliarden Dollar gesehen.

Vom Autonomen Fahren wird behauptet, auf diese Weise würde das eigene Auto für viele obsolet werden. Roboter-Taxis könnten auf Bestellung Nutzer abholen und an den Ort ihrer Wahl bringen. Das können Taxis allerdings schon heute – und trotzdem wird Auto gefahren. Eventuell nehmen Roboter-Taxis unterwegs noch andere Fahrgäste auf und werden so zu einer Art mobiler Mitfahrzentrale. Fragen von Service und Sicherheit werden ausgeblendet. Wer möchte nachts zu zwei angetrunkenen Männern in ein Roboter-Taxi steigen? Tatsächlich geht es um Personalkosteneinsparung, bei Uber und auch bei den Roboter-Taxis. Gespart wird im öffentlichen Verkehr und bei den herkömmlichen Taxifahrern.

Die neuen Akteure sammeln enorme Datenmengen und legitimieren sich dabei durch die guten Zwecke »Klimaschutz« und »Unfallreduktion« Dabei gerät in den Hintergrund, womit Datensammler ihr Geld verdienen: mit dem Verkauf von Werbung. Datensammeln hat zudem den Aspekt von Überwachung und Missbrauch, sei es durch Staaten, Firmen oder einfache Kriminelle. Autonomes Fahren fügt den schon jetzt vielfältig gesammelten personenbezogenen Daten eine weitere Möglichkeit hinzu, Bewegungsprofile zu erstellen. In China kooperieren Konzerne wie Siemens und VW schon lange mit den Behörden.

Ob durch Roboter-Autos die Zahl der Verkehrstoten reduziert werden kann, ist bisher noch völlig offen. Anders ist es beim Tempolimit – das die Autolobby aber bisher in Deutschland verhindern konnte. Erst jetzt, wo die technische Lösung ›Autonomes Fahren‹ kongruent ist mit den ökonomischen Interessen der Autoindustrie, wird mit der Verkehrssicherheit argumentiert.

Im Zuge der Einführung des Autonomen Fahrens rechnen dessen Entwickler selbst mit mehr Verkehr: So hofft man, im Zuge der Einführung von rein autonomem Verkehr die Kapazität von Kreuzungen um 40 Prozent zu steigern, den Fahrzeugabstand auf Autobahnen zu verringern, in Fahrzeugpulks höhere Geschwindigkeiten zu ermöglichen und so insgesamt auf Autobahnen Kapazitätssteigerungen um 80 Prozent zu erreichen. Zusatzkapazitäten ziehen Zusatzverkehre an, und die emittieren wiederum zusätzlich CO_2, Feinstaub und Lärm.

15.
Mobil im ländlichen Raum

Durch eine verfehlte Strukturpolitik wurden viele Regionen vom Nah- und Fernverkehr abgehängt. Das Auto ist für viele Menschen die einzige Möglichkeit, weiterhin mobil zu bleiben, ohne in die Stadt zu ziehen. Ländliche Räume sind dabei mehr als »alles, was keine Stadt ist«: Sie sind vielfältig, bieten oft mehr Grün und Erholung. Nötig ist eine massive Investitionsoffensive in den ländlichen ÖPNV, verbunden mit einer klimafreundlichen Strukturpolitik.

Wer weit draußen wohnt, ist oft aufs Auto angewiesen, oder muss umständliche Reisewege und lange Fahrzeiten in Kauf nehmen. In vielen Medien- und Zeitungsbeiträgen werden die etablierten Parteien oder auch »die Politik« dafür verantwortlich gemacht, dass Menschen im ländlichen Raum sich »abgehängt« fühlen. Damit sollen auch das Erstarken rechter Bewegungen wie Pegida und die Erfolge der AfD zusammenhängen.[141] Grundsätzlich herrscht Konsens, dass eine bessere Verkehrsorganisation in ländlichen Regionen nötig ist.

In einem zunehmenden Stadt-Land-Kontinuum ist es schwierig zu unterscheiden, was noch Stadt und was schon Land ist. Realistisch erscheint, dass rund 33 Prozent der Bevölkerung in ländlich geprägtem Raum lebt.[142] Ländliche Räume können Militärfolgeland-

141 Larissa Deppisch (2019): »Wo sich Menschen auf dem Land abgehängt fühlen, hat der Populismus freie Bahn«, Thünen Working Paper 119, PDF unter www.openagrar.de.

142 In Studien variieren mit den Definitionen von ländlichem Raum (»sehr / eher / überwiegend ländlich«, »intermediär«) die Angaben für die betreffenden Bevölkerungszahlen von 26,3 bis 40,6 Millionen, siehe dazu: Antonia Milbert: Ländlich gleich peripher? Raumstrukturen in Deutschland und ihre Bedeutung für Mobilitätsfragen, BBSR, Kassel 2017.

schaften, Kulturverlustlandschaften oder Urlaubsregionen sein. Es gibt gut angeschlossene, aber kulturarme Speckgürtel, alte Industrie-Standorte und ehemalige Zonenrandgebiete. Logistikzentren von Amazon und Co. liegen ebenfalls im ländlichen Raum. Ländlich sind Naturschutzgebiete genauso wie Schauplätze von Ökokatastrophen.[143] Man kann auch sagen, dass ländlicher Raum eine Art Containerbegriff ist für alles, was nicht Stadt ist.

Für Fragen der Verkehrsorganisation ist es wichtig, welche Regionen als peripher (oder sogar als zunehmend peripher) angesehen müssen. Dabei gibt es dem ersten Anschein nach widersprüchliche Entwicklungen. Erstens: Dörfer verstädtern, was vielfach mit Zersiedelung einhergeht. In den Großstädten ist die Bevölkerungsdichte trotz Zuzugs gleich geblieben – die Städte haben sich in der Fläche ausgedehnt, die Wege verlängern sich. Zweitens: Viele Menschen ziehen vom Land in die Stadt. Die Bevölkerungsdichte ist jedoch nicht nur auf dem Land, sondern infolge der Zersiedelung auch in vielen städtischen Räumen gesunken, so dass sich auch hier die Wege verlängert haben. Drittens: In der Folge der Landflucht wurden die öffentlichen Verkehre ausgedünnt, und zwar vielfach weitaus stärker, als es dem Bevölkerungsrückgang entsprach. Entsprechend stieg die Anzahl der Autos pro Person auf dem Land zwischen 2000 und 2015 um etwa acht Prozent, während sie in der Stadt um ca. drei Prozent zurückging.

Dieser Anstieg ist erklärbar, wenn man sich die fußläufige Erreichbarkeit wichtiger Ziele ansieht, die so entstanden ist: So waren 2015 für etwa zwei Drittel der Schulkinder ihre Sekundarschulen nicht mehr fußläufig zu erreichen, Apotheken für die Hälfte der Menschen, Grundschulen und Hausärzte für etwas weniger als die Hälfte. Ein Drittel der Bewohner ländlicher Räume kommen nicht zu Fuß zum Supermarkt, und ca. 10 Prozent haben nicht einmal eine ÖPNV-Haltestelle mit wenigstens zehn Abfahrten pro Tag in fußläufiger Nähe.

---

143 In Deutschland wurden zum Beispiel für den Braunkohlebergbau mehr als 300 Dörfer zerstört und ca. 100.000 Menschen umgesiedelt.

Tab. 5: Anteil Bevölkerung ohne fußläufige Anbindung zu Alltagszielen in Prozent in Studien des Statistischen Amts der Europäischen Union (Eurostat), des Bundesforschungsinstituts für Ländliche Räume, Wald und Fischerei (Thünen-Institut) und des Bundesinstituts für Bau-, Stadt- und Raumforschung (BBSR)[144]

	Stadt / Land-Gliederung (Eurostat)	Typen ländlicher Räume (Thünen-Institut)	Städtischer / ländlicher Raum (BBSR)
Kategorie des ländlichen Raums	überwiegend ländlich	sehr ländlich	ländlicher Raum
Sekundarschule	64,5	64,5	63,2
Apotheke	55,0	51,9	51,0
Grundschule	48,5	45,6	46,5
Hausarzt	46,7	43,8	42,5
Supermarkt / Discounter	36,2	32,9	31,9
ÖPNV-Haltestelle mit mind. 10 Abfahrten pro Tag	11,2	9,4	9,1

Ländliche Räume haben innerhalb der Machtverhältnisse der staatlichen Institutionen in Deutschland die schwächste Position. Das ist ein wesentlicher Grund dafür, dass elementare Voraussetzungen für selbstbestimmte Mobilität im ländlichen Raum vielfach fehlen – und besonders oft im Rahmen der Herausbildung der Autogesellschaft abgeschafft wurden. So gibt es den Zusammenhang, dass die Pkw-Dichte dort am größten ist, wo die Bevölkerungsdichte am geringsten ist. Oft gilt sogar: je niedriger der Lebensstandard, desto größer die Pkw-Dichte. Der Grund liegt nicht darin, dass Menschen mit niedrigerem Einkommen autoaffiner wären, sondern darin, dass diese Menschen dort leben, wo der öffentliche Verkehr am geringsten

144 Eigene Berechnungen auf Basis von: Antonia Milbert: Ländlich gleich peripher? Raumstrukturen in Deutschland und ihre Bedeutung für Mobilitätsfragen, Bundesinstitut für Bau-, Stadt- und Raumforschung (BBSR), Kassel 2017.

entwickelt – oder gänzlich abwesend – ist. In Artikel 72 des Grundgesetzes wird zwar die »Gleichwertigkeit der Lebensverhältnisse« zum Politikziel erklärt, das der Bundesregierung theoretisch erlaubt, in Landesrecht einzugreifen. Vor 1994 (dem Jahr der Bahnreform) lautete der Begriff übrigens noch »Einheitlichkeit der Lebensverhältnisse«. Nach § 2 Abs. 1 des Raumordnungsgesetzes ist ein Ausgleich der sozialen, infrastrukturellen, wirtschaftlichen, ökologischen und kulturellen Verhältnisse zwischen den Regionen »anzustreben« bzw. »darauf hinzuwirken«. Der Anspruch wird aufgrund seiner schwachen Verankerung vielfach nicht erfüllt. Die 2018 einberufene Regierungskommission »Gleichwertigkeit der Lebensverhältnisse« gelangte zu der Auffassung, dass Mobilität und Verkehrsinfrastruktur in der Fläche zu verbessern seien – ohne dass es dazu greifbare (und später messbare) Umsetzungsvorschläge gab.[145]

Artikel 28, Absatz 2 des Grundgesetzes garantiert die kommunale Selbstverwaltung. Aber die Ressourcen für die Umsetzung dieser Selbstverwaltung wurden massiv reduziert, während die Aufgabenportfolios im Bereich der sozialen Transferleistungen erweitert und die von den Kommunen zu leistenden Ausgaben erhöht wurden. Die Kommunen können sich gegen diesen Prozess der finanziellen Auszehrung nicht wehren. Ihre kommunalen Spitzenverbände (Deutscher Städtetag, Deutscher Landkreistag und der Deutscher Städte- und Gemeindebund) sind private Vereine ohne verfassungsrechtlich qualifiziertes Anhörungs- und ohne gesetzgeberisches Mitgestaltungsrecht. Der Bund hat als Verfassungsorgan den Bundestag, die Länder den Bundesrat. Den Kommunen fehlt ein eigenes Verfassungsorgan. Entsprechend gibt es den interessanten Vorschlag, eine dritte Kammer als Vertretung der Kommunen mit Verfassungsrang einzurichten.

---

145 »Der Deutsche Bundestag fordert die Bundesregierung auf, im Rahmen der verfügbaren Haushaltsmittel auf Länderebene einzuwirken, dass [...] in Abstimmung mit dem Bund die öffentliche Nahverkehrsanbindung im ländlichen Raum erhalten beziehungsweise ausgebaut und kreative Mobilitätskonzepte gefördert werden.« Antrag von CDU/CSU und SPD, »Gesellschaftlichen Zusammenhalt stärken«, 2018.

Bund und Länder konnten in den vergangenen Jahrzehnten den Kommunen unbehelligt Steuerreformen und Schulden aufhalsen. In der Folge sind viele Kommunen inzwischen hoch verschuldet. 2019 betrugen die Schulden der Gemeinden und Gemeindeverbände 129,8 Milliarden Euro. Finanzminister Olaf Scholz (SPD) erklärte im März 2020, prüfen zu wollen, ob der Bund 20 Milliarden Euro von diesen Schulden übernehmen kann. Er erwägt dabei eine Änderung des Grundgesetzes, um die Schuldenbremse des Bundes anzupassen. Anders als die Forderung nach einer dritten Kammer würde dies jedoch nur punktuell eine Entlastung bringen. Doch selbst bei diesem Vorstoß stieß der stellvertretende Bundeskanzler auf erbitterten Widerspruch von CDU/CSU und FDP. Dabei hatten Bund und Länder die Verschuldung der Kommunen erst generiert. Allein die Steuerreformen seit 2000 (angefangen mit der rot-grünen Steuerreform) haben dem Staat Mindereinnahmen von durchschnittlich 46 Milliarden Euro beschert – jährlich.[146] In diesem Zuge sank zudem der Anteil am Steueraufkommen, der an die Kommunen ging, von 25 auf ca. 12,5 Prozent.

Kommunen tragen zu über 80 Prozent die Leistungen der Daseinsvorsorge, darunter den größten Teil der Ausgaben für den Nahverkehr. Sie zeichnen mit den Kreisstraßen sogar für 40 Prozent der bundesweit vorhandenen überörtlichen Straßen verantwortlich. Die massive Verschuldung vieler Kommunen hat ihren wesentlichen Ursprung in 20 Jahren Unterfinanzierung und Überbeanspruchung. Eine Folge sind Investitionsstaus: Nach Angaben des Deutschen Städtetags gibt es bei der kommunalen Verkehrsinfrastruktur »einen Investitionsstau von über 38 Milliarden Euro«.[147] Nachfolgend zehn Ansätze für eine bessere Mobilität auf dem Land.

---

146 Achim Truger, Steuerreformen: Verlorene Milliarden, Hans-Böckler-Stiftung, Magazin Mitbestimmung, Ausgabe 06/2013; www.boeckler.de.

147 »Für die Trendwende zu nachhaltiger Mobilität brauchen die Kommunen über bisherige Programme hinaus eine Investitionsoffensive von Bund und Ländern mit zusätzlichen Mitteln von 20 Milliarden Euro für mindestens zehn Jahre, also 2 Milliarden jährlich.« Nach: Deutscher Städtetag (1.8.2019): »Verkehr, nachhaltige Mobilität und Luftreinhaltung«; www.staedtetag.de.

Investitionsoffensive

Jedes Infrastruktursystem auf der Welt hat in der Bedienung der Fläche wesentlich höhere Kosten als bei der Versorgung von Zentren. Genau deswegen werden Flächennetze von der öffentlichen Hand errichtet und betrieben – Rosinenpickerei würde zum Absterben der Versorgung ländlicher Räume führen. Die Politik der letzten Jahrzehnte hat genau eine solche Entwicklung nun selbst herbeigeführt – schwach ausgelastete Strecken im Schienenverkehr und in den Bus-Netzen wurden aus angeblichen Kostengründen abgebaut. Strecken wurden entwidmet. Wo es sie noch gibt, werden sie vielfach nicht mehr bedient.[148] Für alle Regionen Deutschlands gibt es präzise Karten aus der Zeit zwischen den beiden Weltkriegen und direkt nach dem Zweiten Weltkrieg, auf denen dichte Schienennetze (für Straßenbahnen, aus den städtischen Zentren hinausführende S-Bahnen und vor allem Nebenbahnen) verzeichnet sind. Mehr als drei Viertel dieser Netze öffentlicher Verkehre wurden zerstört. Eine wichtige Rolle spielte in diesem Netz der »Postreisedienst«. Ab 1905 löste die »Kraftpost« die traditionellen Postkutschen ab. Noch bis 1985 beförderten die gelben Postomnibusse Personen und Postsachen im Überlandverkehr. Im Jahr 1974 wurden 435 Millionen Fahrgäste (»Postreisende«) gezählt. Neben dem späteren Bahnbusdienst war der Postreisedienst der einzige in ganz Deutschland flä-

148 Hunderte kleinere und mittelgroße Orte und kleine Städte verfügten bis Ende der 1950er Jahre über schienengebundene Verkehrsmittel, die auch im ländlichen Raum verkehrten. Ein Beispiel war die Straßenbahn (»s'Bähnle«) in der Region Ravensburg-Weingarten-Baienfurt. Ravensburg zählte zwischen den Weltkriegen und nach dem Zweiten Weltkrieg zwar gut 30.000 Einwohner, war also zweifellos Stadt. In Weingarten lebten damals rund 15.000 und in Baienfurt weniger als 3500. Es handelte sich also um eine typische Kleinstadt-Tram mit Verbindung in den ländlichen Raum, wie es sie auf deutschem Boden mehr als hundert Mal gegeben hatte. Die Leistungen dieser Bahnen sind beeindruckend. Auf dem Höhepunkt im Jahr 1956 zählte beispielsweise das erwähnte »Bähnle« 5.035.236 Fahrgäste im Jahr (die Triebwagen legten knapp 400.000 km zurück); die durchschnittliche (!) Besetzung jeder Tram lag bei 70 Personen. Der Fahrplan begann um 4.15 h früh am Morgen. Nach: Raimund Kolb: Bähnle, Mühle, Zug und Bus, Bergatreute 1987, S. 380.

chendeckend vertretene Omnibusbetrieb. Wichtiges Ausstattungsdetail jedes Postbusses war – der Briefkasten. Ein großer Teil des Briefverkehrs konnte so zeit- und arbeitskraftsparend transportiert werden. Ab 1976 wurde der Postreisedienst auf andere Verkehrsträger überführt. Am 31. Mai 1985 verkehrte letztmalig ein Linienbus der Deutschen Bundespost. Mit dem Bus um Bus und Zug um Zug erfolgten Abbau dieser öffentlichen Verkehre im ländlichen Raum fehlten die Fahrgäste für die Anschlussstrecken, die dann später auch eingestellt wurden. Und so weiter.

Der ÖPNV in den ländlichen Räumen muss nun von Grund auf neu geplant werden. Dazu ist viel Geld nötig – mehrere Milliarden Euro jährlich. Im Verhältnis ist es aber wenig Geld. Der Umsatz des gesamten ÖPNV – der größere Teil davon städtisch – liegt mit jährlich knapp 25 Milliarden Euro[149] bei einem Bruchteil der Ausgaben der Haushalte für den motorisierten Individualverkehr. Die privaten Haushalte geben für den Pkw-Verkehr mehr als 170 Milliarden Euro aus.[150] Das entspricht dem Siebenfachen der angeführten Öffi-Kosten.

Netz- statt sternförmiger ÖPNV

Wer eine Arbeit 15 Kilometer entfernt von seinem Wohnsitz gefunden hat, hat unter Umständen einen Arbeitsweg von 15 Minuten – wenn der neue Arbeitsort auf der Verbindung zum nächsten Mittelzentrum liegt. Liegt der Ort quer dazu, kann es mit öffentlichen Verkehrsmitteln auch anderthalb Stunden dauern. Anders als das Straßennetz sind ÖPNV-Linien in Deutschland vielfach sternförmig ausgerichtet – das Ergebnis jahrzehntelanger Einsparungen. Das dichte Trambahn-Netz, das es auch in den ländlichen Raum hinein

149 Nach: Auhagen, Hendrik / Röske, Volker et al. (2020): Klimagerechte Mobilität für alle. Verkehr der Zukunft nicht den Konzernen überlassen, Hamburg.

150 Es handelt sich um die Ausgaben für Fahrzeuge (71 Mrd. Euro), für Kraftstoffe (52 Mrd. Euro) und für übrige Kfz-Ausgaben (45 Mrd. Euro). Nicht enthalten scheinen hier Ausgaben für private Garagen, Carports usw. Nach: Verkehr in Zahlen 2016/17, S. 298.

einmal gab, wurde komplett rasiert. In Verkehrsnetzen führen die kleinen Strecken den Hauptverbindungen die Fahrgäste zu. Straßen haben solche maschenförmigen Netze. Man möge sich den Aufschrei vorstellen, wenn zwischen zwei benachbarten Gemeinden die Straße geschlossen würde, Begründung: »nicht genügend Auslastung«. Man möge doch die Straße zum nächsten Oberzentrum und von dort zur Nachbargemeinde wählen.

Stopp von Streckenentwidmungen im Schienenverkehr

Noch immer werden in Deutschland Nebenstrecken und Kleinbahnen stillgelegt, gleichzeitig wehren sich lokale Initiativen gegen solche Stilllegungen und haben mehrfach auch schon erfolgreiche Reaktivierungen erreicht. Ist eine Schienenstrecke aber erst einmal entwidmet und überbaut, kann nur noch der extrem aufwendige Weg über Enteignung und Abriss zu erneutem Zugverkehr führen. Ein bundesweites Entwidmungsverbot ist notwendig. Damit können Schienenstrecken für die Verkehrswende gesichert werden, auch wenn derzeit noch kein Betrieb angeboten werden kann.

Neue Industrieansiedlungen nur an bestehende Verkehrsknoten

Das Tesla-Modell Y soll in einem neu zu errichtenden Werk östlich von Berlin montiert werden. Abgesehen von zur Fällung vorgesehenen Bäumen und dem enormen Wasserhunger der Produktion liegt die künftige Fabrik an der Autobahn, nicht an einem Bahnhof. Der nächste Haltepunkt (Fangheide) ist drei Kilometer entfernt. Ein Zug verkehrt dort nur stündlich. Der S-Bahn- und Regionalbahnhof Erkner liegt rund sechs Kilometer weiter entfernt. Angeblich hieß es zum Ende der Verhandlungen des Landes Brandenburg mit Tesla, an einer (zusätzlich einzurichtenden) Buslinie würde der Deal nicht scheitern. Auch die Deutsche Post siedelt schon seit längerem neue Logistikzentren weitab von Nahverkehrsanschlüssen an – mit dem Einverständnis der lokalen Behörden. Eine klimaschonende Ansiedlungspolitik muss kurze Arbeitswege und Anschlüsse an den Schienengüter- und Personenverkehr zum Ziel haben.

Urlaubsregionen anbinden

Wer in den letzten Jahren die Ostseehalbinsel Usedom besucht hat, konnte erleben, dass auch eine strukturschwache Region eine attraktive Bahn haben kann: die mehrfach erwähnte Usedomer Bäderbahn. Der Deutsche Landkreistag erhebt richtigerweise eine entsprechende Forderung für alle touristischen Regionen. Er »erwartet [...] von der Bundesregierung, dass sie [...] die Erreichbarkeit der touristischen Ziele in den ländlichen Räumen sicherstellt und weiter verbessert. Insbesondere auch die schienengebundene Erreichbarkeit ist dabei von Bedeutung. Eine Politik des Rückzuges der Bahn aus der Fläche ist insoweit weder akzeptabel noch verkraftbar. Der ländliche Raum darf nicht ausschließlich auf den motorisierten Individualverkehr angewiesen sein.«[151] Innerdeutsche Urlaubsregionen durch gute Anbindungen zu stärken, unterstützt nicht nur die lokale Wirtschaft. Dies hilft auch, Flugverkehr (in fernere Ziele) zu vermeiden.

Holt die Bahnhöfe zurück

Es war ein schwerer Schlag für den Schienenpersonennahverkehr, als die DB AG ab den 2000er Jahren Bahnhöfe erst zu »Empfangsgebäuden« deklassierte und dann in »Paketen« von mehreren hundert Bahnhöfen verkaufte.[152] Die neuen Investoren hatten wenig bis gar kein Interesse am Schienenverkehr und oft auch nicht an den Kommunen. Hatte die Bahn 2005 noch rund 6.500 Bahnhöfe (im Sinne dieser »Empfangsgebäude«-Definition), so sind es heute weniger als 2000. Die meisten Bahnhöfe stehen noch, viele sind verwaist und verfallen. Die meisten könnten auch wieder als Bahnhof fungieren – im Herzen der Städte und Gemeinden. Allerdings geht

151 Deutscher Landkreistag (2010): »Verkehrs(infrastruktur)politische Kernforderungen der Landkreise«, Band 92 der Veröffentlichungen des Vereins für Geschichte der Deutschen Landkreise, PDF unter www.landkreistag.de.

152 »2001 vereinbarte die DB mit der Investmentgesellschaft First Rail Property den Verkauf von 1019 Bahnhofsgebäuden. 2004 wurde der Verkauf von 500 Gebäuden vollzogen. Kaufpreis: 14 Mio. Euro, im Schnitt keine 30.000 Euro pro Bahnhofsgebäude. Ca. 2005/06 ging die Gesellschaft in Konkurs. Die übrigen 519 Bahnhöfe wurden nicht mehr übergeben.« (www.bahn-fuer-alle.de)

der Ausverkauf von Bahnimmobilien weiter. Hier muss eingegriffen werden – der fortgesetzte Ausverkauf muss gestoppt werden. Jeder weitere Verkauf von Immobilienbesitz der Deutschen Bahn AG sollte gesetzlich untersagt werden. Bereits verkaufte Bahnhöfe sollten über einen Bundesfonds (eventuell auch über Länderfonds) erfasst, und wo möglich zurück erworben, reaktiviert und revitalisiert werden.

Lokale Einkaufsmöglichkeiten

Wo ein Bahnhof reaktiviert wird, sollte am besten auch ein lokaler Laden oder Supermarkt eröffnet werden, so dass man mit dem Zug zum Einkaufen kommen kann. Aber auch ohne Bahnhof sollten die Läden wieder in die Ortsmitte zurückgeholt werden. Wo sich kein privater Anbieter findet, sollte die öffentliche Hand einspringen.

Ausbau des Internets

Die weltweite Zunahme des per Internet übertragenen Datenvolumens verursacht schädliche CO_2-Emissionen. Gleichzeitig helfen schnelle Internetanschlüsse, Wege zu vermeiden. Deutschland liegt in dieser Frage blamabel weit hinten. Vor dem Börsengang der Telekom vor rund 25 Jahren wurde noch in den Beginn eines Glasfasernetzes investiert – mit dem Verkauf der Aktien brachen die Investitionen in die Fläche aus Kostengründen ab, bis heute. Hier muss der Bund selbst aktiv werden, der Markt versagt. Ein öffentlich und flächendeckend[153] verlegtes Netz mit einem Breitband-Anschluss pro Haushalt kann jährlich hunderttausende Wege per Auto einsparen.

153 Die aktuell verfolgte Technologie 5G ist vermutlich ungeeignet für einen flächendeckenden Ausbau. Sie hat wegen der gewählten hohen Frequenz von 26 bis 28 GHz physikalisch bedingt eine geringe Reichweite, Entfernungen von mehr als 500 m zur nächsten Station werden kritisch. Das derzeitige 4G kann bei 0,8 GHz 10 bis 15 km überbrücken. Die hohe Frequenz weckt auch Sorgen vor Gesundheitsschäden: In der Schweiz wurde bereits ein Volksinitiative gestartet, die fordert, dass die Abstrahlung von Mobilfunk für Innenräume (Koaxial- oder Glasfaserkabel ohne Funkstrahlung) und Außenbereiche (deutlich geringere Abstrahlung als mit 5G vorgesehen) getrennt geregelt wird.

Rufbusse und Bürgerbusse

Kommunen können Rufbusse und Sammeltaxis anbieten. In den meisten Bundesländern kam es inzwischen zur Bildung von Bürgerbus-Vereinen mit oft ehrenamtlichen Fahrern. Die Bürgerbus-Idee stammt nicht ganz zufällig aus Großbritannien, wo die Zerstörung öffentlicher Dienste besonders weit vorangeschritten ist. Rufbusse und Bürgerbusse sind Resultat einer Notlage – Ergebnis der beschriebenen Zerstörung ehemals vorhandener Verkehrsangebote im ländlichen Raum und der Auszehrung der kommunalen Finanzen. Durch solche Initiativen wird jedoch der Bedarf an ÖNPV weiter im allgemeinen Gedächtnis gehalten, Ruf- und Bürgerbusse sollten daher immer mit der Forderung nach einer Mobilität mit komfortablen öffentlichen Verkehrsmitteln verbunden bleiben. Die Entwicklung muss in Richtung Linienverkehr gehen, nicht vom Linienverkehr zur Ausdünnung via Rufbus.

Postbusse wie in der Schweiz

Der Schweizer Postbus – als PostAuto firmierend – fährt im größten Teil des ländlichen Raums. Er verkehrt in diesem relativ kleinen Land auf 901 Linien, mit einer Netzlänge von mehr als 12.000 Kilometern; befördert werden jährlich 155 Millionen Fahrgäste. Ein Durchschnittsbürger benutzt also im Jahr allein 18 Mal den Postbus. Proportional zur Bevölkerung müsste entsprechendes Bussystem hierzulande 1,5 Milliarden Fahrgäste zählen. Die Postautolinien versorgen als öffentlicher Personenverkehr alpine Seitentäler, Gebiete ohne Bahnanschluss und touristische Ziele. Postautolinien bedienen meistens einen Bahnhof und sind auf die Fahrpläne der Züge abgestimmt oder mit anderen Buslinien verknüpft. In der Regel verkehren mindestens vier Kurspaare pro Tag, bei dichterer Besiedlung gilt Halb- oder Viertelstundentakt. Im Postautoverkehr gelten die Fahrausweise des öffentlichen Verkehrs, das Halbtaxabonnement (entspricht der BahnCard 50) und das Generalabonnement (entspricht der BahnCard 100). Neue Busse haben standardmäßig Klimaanlage, optische und akustische Fahrgastinformation sowie gratis WiFi.

Bilanz | Notwendig ist die Verwirklichung der in der Verfassung geforderten »Gleichwertigkeit der Lebensverhältnisse« im Bereich der Mobilität im ländlichen Raum. Das erfordert einen großzügigen Ausbau des öffentlichen Verkehrs in der Fläche bei gleichzeitiger finanzieller Entlastung der Kommunen. Der Postauto-Verkehr der Schweiz kann hier Vorbild sein. Wobei eine Übertragung auf Deutschland möglicherweise bedeuten könnte, dass es Flächen-Bussysteme auf Ebene der Bundesländer geben könnte.

16.
Güterverkehr reduzieren und auf Binnenschiff und Schiene verlagern

Transportkosten werden weltweit so stark subventioniert, dass im Güterverkehr viel zu viele Waren viel zu weit transportiert werden. Notwendig ist eine drastische Reduktion der Anzahl der Transporte, der Weglängen sowie der Transportvolumen und der transportierten Gewichte. Der verbleibende Güterverkehr sollte vom schädlichen Lkw weg hin zu wesentlich weniger CO_2-intensiven Güterverkehrsarten verlagert werden. An vorderster Stelle sollten dabei Binnenschiff und Schiene stehen, aber auch Cargo-Bike und Cargo-Trambahnen sollten einbezogen werden.

Im Güterverkehr erlebten wir Vergleichbares wie im Personenverkehr. Güterverkehr wurde, vor allem als Lkw-Verkehr, enorm gesteigert.[154] Die »Transportintensität« wurde in den letzten 25 Jahren um mehr als 50 Prozent erhöht. Das heißt: In einer Ware von ein und derselben Qualität stecken heute 50 Prozent mehr Transportkilometer als 1980. Die enorme Subventionierung aller Transportarten und entlang der gesamten globalen Transportketten hat zur Herausbildung einer absurden, global vernetzten Arbeitsteilung geführt.

---

154 1991 gab es auf deutschen Straßen einen Lkw-Verkehr mit einer Gesamtleistung von 206 Milliarden Tonnenkilometern (tkm). 2015 war es mit 459 Milliarden tkm annähernd die zweieinhalbfache Transportleistung. Selbst wenn man Effekte der deutschen Einheit berücksichtigt und die Zahl von 1993 nimmt (= 251 Milliarden tkm), gibt es bis einschließlich 2019 eine Verdopplung des Lkw-Verkehrs – bei weitgehend gleichem Lebensstandard! Angaben nach: Verkehr in Zahlen, Berlin, Ausgaben 1996 und 2016/17; www.bmvi.de.

Transportinflation verringern

2018 standen 87 Prozent der Importe einer Güterkategorie mindestens ebenso große Exporte derselben Kategorie gegenüber.[155] Es wird deutlich, dass die viel zu geringen Transportkosten – oft in Verbindung mit Subventionstatbeständen – einen extrem klimaschädlichen Handel gestatten.

In einer Flasche Wein aus Chile, Südafrika oder Kalifornien, die in Madrid, Zürich, Wien oder Stuttgart im Regal steht, stecken weniger als 10 Cent Transportkosten. Dieser Wein konkurriert nun mit einem spanischen Rioja, mit einem Dole aus dem Schweizer Wallis, mit einem Grünen Veltliner aus Niederösterreich oder mit einem württembergischen Trollinger. Die tatsächlichen Transportkosten tauchen nicht im Preis der Flasche Wein aus Übersee auf. Doch es gibt sie natürlich; sie werden von den Steuerzahlenden in Deutschland oder in anderen Ländern getragen bzw. es handelt sich um Umwelt- und Klimakosten. Die Verbraucher lösen das Problem nicht. Hier muss eine Regulierung eingreifen. Im Bereich der Rüstungsexporte gibt es eine solche Regelung; diese müssen genehmigt werden – auch im Fall

155 »Die traditionelle Wirtschaftslehre besagt, die Vorteile des internationalen Handels lägen darin, dass Produkte, auf die sich ein Land – auf Grund von Traditionen, oft begünstigt von klimatischen Bedingungen – spezialisiert habe, mit Produkten aus einem anderen Land, auf das dieses sich wiederum spezialisiert habe, ausgetauscht würden. Soweit die Theorie. Tatsächlich entfällt jedoch ein großer Teil des gegenwärtigen internationalen Handels auf den Austausch von Gütern ein- und derselben Art. Die deutsche Import- und Exportstatistik weist aus, dass im Jahr 2005 für 4 Milliarden Euro Milcherzeugnisse exportiert und für 5 Milliarden Euro Milcherzeugnisse importiert wurden. Im gleichen Jahr wurden »Zucker, Zuckerwaren und Honig« im Wert von 1,2 Milliarden Euro importiert und »Zucker, Zuckerwaren und Honig« im Wert von 1,3 Milliarden Euro exportiert. 2005 wurde Tierfutter im Wert von 1,6 Milliarden Euro importiert, gleichzeitig wurde Tierfutter im Wert von 1,6 Milliarden Euro exportiert. Ein kleinerer Prozentsatz dieser Austauschvorgänge mag mit unterschiedlichen Geschmacksrichtungen und differierenden Qualitätsmerkmalen gerechtfertigt werden. Doch beim größten Teil derselben dürften Unterschiede in der Qualität nicht erkennbar sein.« Winfried Wolf (2007): Kapital tötet Raum und Zeit: Globalisierung, Transportinflation und Privatisierungen, Fassung vom 25. Juni 2007; LabourNet Germany (www.labournet.de).

sogenannter komplexer »Dual use«-Ausfuhren. Wenn es in diesem Bereich ausgeklügelte Verfahren der Ausfuhrkontrollen gibt, weil mit WAffenexporten Krieg gefördert wird, dann muss es vergleichbare Kontrollmöglichkeiten dort geben, wo die Klimaerwärmung gefördert wird. Bei Warengruppen ein- und derselben Art sollte es eine Obergrenze für den wechselseitigen Austausch geben.

Transportintensität verringern

Durch die massive und weltweite Subvention von Warenverkehr bilden sich extrem umweltschädigende Produktionsketten heraus. Bekannt ist das Beispiel der Reise einer Jeans um die Welt. Baumwolle aus Kasachstan wird zum Spinnen in die Türkei gebracht, zum Färben nach Taiwan, zum Weben des Denimstoffs nach Polen. Futter für die Taschen und die Etiketten kommen aus Frankreich. Auf den Philippinen wird die Hose zusammengenäht und genietet. Dann wird sie zum »Stonewashing« nach Griechenland gebracht. Für den Vertrieb in Deutschland wird dort das Firmenlabel eingenäht und das »Made in Germany« angebracht. Getragene Hosen werden zum Sortieren der Altkleider in die Niederlande gefahren. Von dort gehen sie per Schiff zur Zweitverwertung nach Afrika. Dann hat der größte Teil der Hose über 50.000 km zurückgelegt – der Erdumfang liegt bei knapp 40.000 km.

Notwendig sind daher Maßnahmen, mit denen die realen Transportkosten in die Preise für Güterverkehre integriert und Auflagen hinsichtlich Lkw-Größen gemacht werden; Nachtfahr- und Wochenendfahrverbote für Lkw müssen erlassen, eine angemessene, höhere Besteuerung von Diesel, Schweröl (für Schiffe) und Kerosin umgesetzt werden.

Die Transportweglänge pro Ware verringern

Neben den langen Transportwegen gibt es auch einen Zuwachs im Bereich der regionalen Lieferverkehre. Der Internethandel hat hier zu einem sprunghaften Anstieg der Paketauslieferungen geführt. Teilweise konkurrieren vier oder fünf verschiedene Lieferdienste pro

Straße. Die Option zum kostenfreien Rücksenden hat die Anzahl der Sendungen noch weiter erhöht.

Die aktuelle Warenverteilung in die Städte ist klimaschädlich und sollte umorganisiert werden. Dabei sollten sich Kunden und Lieferanten möglichst entgegenkommen. Statt weit außerhalb der Städte immer weiter große (und flächenfressende) Logistikzentren zu errichten, sollten kleinere Verteilzentren weiter in die Städte hineinrücken, so dass ab dort die Verteilung mit dem Cargo-Bike möglich ist – oder die Selbstabholung. Erfahrungen mit solchen »urban consolidation centres« zeigen, dass die Beteiligung der Empfänger am Prozess ein wichtiger Schlüssel zum Erfolg solcher Systeme ist.[156]

Aktuell werden in Deutschland 12 Millionen Tonnen Lebensmittel jährlich weggeworfen, fast ein Drittel des Gesamtverbrauchs. Frankreich hat ein Anti-Wegwerf-Gesetz für größere Supermärkte beschlossen. Ein solches Gesetz benötigt auch Deutschland.

Das Angebot überregionaler Lebensmittel pro Laden muss gesetzlich beschränkt werden. Lebensmittel aus Übersee haben am Gesamtumfang der in Deutschland verkauften Lebensmittel nur einen Anteil von vier Prozent, verursachen aber beim Transport überproportional viel vom emittierten CO_2. Was die saisonalen und regionalen Lebensmittel betrifft, so sollten Supermärkten Mindestquoten von wenigstens 50 Prozent auferlegt werden.

Für Trinkwasser gibt es schon lange ein eigenes Transportsystem: das örtliche Leitungsnetz. Trinkwasser in Deutschland gilt als eines der am besten überwachten und gesündesten Lebensmittel. Flaschen-Mineralwasser verursacht hingegen enorm viel mehr CO_2 als Leitungswasser, eine aktuelle Untersuchung kommt auf den Faktor 586. Dieser hohe Faktor verblüfft, erscheint aber bei näherem Hinsehen plausibel. Der ökologische Fußabdruck bei der Gewinnung von Leitungswasser ist tatsächlich in gemäßigten Klimazonen extrem niedrig. Pro Kilogramm und Liter werden nur ca. 0,35 g CO_2-Äquivalent emit-

156 Ein Beispiel ist der »Binnenstadservice« in den Niederlanden, ein Zusammenschluss mehrerer urban consolidation centres.

tiert. Das ist nicht nur in Deutschland so, die Regierung von Großbritannien weist zum Beispiel für das öffentliche Wassernetz ganz ähnlich niedrige Werte aus (0,34 g pro Liter).[157] Mineralwasser ist im Vergleich zu anderen Lebensmitteln gar nicht so besonders klimaschädlich. Es emittiert mit ca. 200 g CO_2 pro kg nur wenig mehr CO_2 als Gemüse (ca. 150 g CO_2 pro kg) und viel weniger als zuckerhaltige Getränke oder Milch (940 g CO_2 pro kg).[158] Der entscheidende Vergleich ist aber der zum unschlagbar klimaschonenden und gleichzeitig gesunden Leitungswasser. Dessen Vorteil liegt auch in seinem einzigartigen Transportsystem. Wer hat schon ein eigenes Leitungssystem für Bier, Wein oder Mineralwasser? Dazu kommt: Flaschenwasser wird in enormen Mengen konsumiert, im Durchschnitt trinkt jeder Einzelne in Deutschland einen halben Liter pro Tag.[159] Mit einem Verzicht auf Flaschenwasser könnten danach in Deutschland jährlich drei Millionen Tonnen CO_2 eingespart werden, das wäre das Anderthalbfache der Klimabelastung, die der innerdeutsche Flugverkehr verursacht.[160]

Die Anzahl der transportierten Waren verringern

Viele Dinge zu haben, kann belastend werden, das wird jedem deutlich, der gerade entrümpelt hat. Daher ist es wichtig, nicht zu »rümpeln« – also weniger Dinge anzuschaffen.[161] Eine auf ewiges

157 UK Government (2020): Greenhouse gas reporting, conversion factors 2019, water supply conversion factors; https://assets.publishing.service.gov.uk/government/uploads/system/uploads/attachment_data/file/847121/Conversion-Factors-2019-Condensed-set-for-most-users.xls.

158 Bundesministerium für Umwelt (2020): Klimabilanz für Nahrungsmittel aus konventioneller und ökologischer Landwirtschaft beim Einkauf im Handel; Bereich »Konsum und Ernährung« unter: www.bmu.de.

159 Der durchschnittliche Pro-Kopf-Verbrauch im Segment Mineralwasser liegt im Jahr 2020 bei 184,8 l. Statista (2020): Mineralwasser, https://de.statista.com.

160 a tip: tap e.V. (2020): Pressemitteilung vom 4. März 2020, GUTcert Studie zu den emissionsrelevanten Prozessschritten von Mineral- und Leitungswasser, Berlin.

161 Zu Nicht-Rümpeln vor Entrümpeln siehe auch Daniel Fuhrhop (2019): »Einfach anders wohnen«, München.

Wachstum ausgerichtete Gesellschaft wird sich schwer damit tun. Dennoch führt auf lange Sicht kein Weg daran vorbei. Wenige gute Dinge zu haben, macht fraglos glücklicher als viele schlechte. Geplante Obsoleszenz ist ein Phänomen, infolge dessen Produkte schneller verschleißen, als es technisch erforderlich wäre. Eine unzureichende oder fehlende Reparaturfähigkeit bewirkt, dass sie bei Funktionsunfähigkeit weggeworfen werden müssen. Durch Werbekampagnen verstärkte Moden bewirken, dass selbst gebrauchsfähige Geräte ersetzt werden. Neben den Nachteilen eines hohen Ressourcenverbrauchs und den wachsenden, giftigen Müllbergen verursacht eine gegenüber Obsoleszenz tolerante Politik auch hohe Umweltbelastungen durch den Transport. Gelingt es auf lange Sicht, die Haltbarkeit unserer Produkte zu verdoppeln, halbieren sich die Transporte.

Dazu ist es notwendig, Anreize für lange Lebensdauer und gute Reparaturfähigkeit zu schaffen, Hersteller stärker zu regulieren und Verbraucherrechte zu stärken. Haltbarkeitsdauern müssen verbindlich und realistisch angegeben werden. Von den Firmen sollte die Vorratshaltung einer ausreichenden Anzahl von Ersatzteilen nachgewiesen werden. Baupläne für Ersatzteile sollten bei der öffentlichen Hand hinterlegt werden, um späteren Lieferproblemen und Insolvenzen gegebenenfalls begegnen zu können. Um praktikable Lebens- und Reparaturzyklen zu erreichen, sollte der Staat auch selbst als Mittler auftreten. Die in jüngerer Zeit entstandene Repair-Café-Bewegung basiert noch auf privater Initiative. Um reparieren (lassen) zum Massenphänomen zu machen, sollten in großer Zahl öffentliche Reparatureinrichtungen geschaffen werden. Dort können defekte Geräte abgegeben werden. Ansprüche bei zu geringer Lebensdauer werden gegen Originalbeleg sofort abgegolten. Die öffentliche Reparatureinrichtung bedient sich dazu bei zuvor eingeholten Bürgschaften der Produzenten. Diesen steht es dafür frei, die defekten Geräte in angemessener Frist zur Reparatur zurückzunehmen. Nicht zurückgenommene Geräte werden entweder repariert und verkauft oder zerlegt und für andere Reparaturen bevorratet.

Das Transportgewicht und das Volumen pro Ware verringern

Eine Reduktion von Transportgewicht kann bei gleicher Warentonnage nur durch weniger Verpackung erreicht werden. Hier kann viel gespart werden. Das Transportvolumen spielt aber ebenfalls eine Rolle. Wer in den letzten Jahren Spielwaren verschenkt hat, konnte beobachten, dass die entsprechenden Schachteln oft bis zur Hälfte mit Luft gefüllt sind. Entsprechend müssen für den Vertrieb der zugehörigen Spielzeuge doppelte so viele Lkws fahren wie bei einer kompakten Verpackung. Wer Produkte in Verkehr bringt, sollte daher künftig den Nachweis einer optimierten Verpackung erbringen.

Den CO_2-Ausstoß pro gefahrenen Tonnen-km verringern

Binnenschifffahrt ist CO_2-schonender als Lkws. Die zugehörigen Wasserstraßen sind vorhanden und könnten rund doppelt so viel transportieren wie bisher.[162] Dass der Gütertransport von der Straße auf die Schiene verlagert werden muss, ist ebenfalls eine so alte wie unerfüllte Forderung von Umweltverbänden und eigenartigerweise auch von Regierungsparteien. Dazu siehe unten.

Kurzfristig anzugehen ist eine deutlich CO_2-ärmere örtliche Verteilung. Auf die Notwendigkeit innenstadtnaher regionaler Verteilzentren wurde oben schon verwiesen. Zu diesen Verteilzentren können Güterstraßenbahnen führen (wie bis Mitte der 1950er Jahre in Hannover, Stuttgart, Wuppertal, aktuell z. B. in Zürich und Dresden). Auch städtische Oberleitungsverkehre (für O-Bus-Netze) sind für Güterverkehre geeignet. Von den lokalen Verteilzentren in den Städten können Cargo-Bikes die Güter zu den Märkten und Verbrauchern bringen.

---

162 Der Anteil der Binnenschifffahrt an der gesamten Transportleistung im Güterverkehr ist von 13 % im Jahr 2000 auf 8 % gefallen. Auch die absoluten Transportleistungen sind gesunken. Dabei wurden die Binnenschifffahrtwege für einige Milliarden Euro ausgebaut. Ein Teil des Rückgangs ist allerdings Resultat von Niedrigwasser, was auch Ergebnis der Klimaerwärmung ist. Wobei ein großer Teil der Investitionen in fragwürdige Erweiterungen und Vertiefungen der Fahrrinnen floss, während dringend erforderliche Reparaturarbeiten, Instandhaltungen und Modernisierungen unterblieben.

Die kurzatmige Debatte zur Verlagerung von Güterverkehr auf die Schiene

Im Text »Mit der Verkehrswende die Mobilität von morgen sichern« von Greenpeace und dem Wuppertal Institut (Agora-Studie) heißt es: »Der Güterverkehr wächst – und mit ihm wachsen die durch ihn verursachten CO_2-Emissionen. Sie machen inzwischen gut ein Drittel der CO_2-Emissionen des gesamten Verkehrssektors aus.« Das Ausmaß des Güterverkehrs und dessen Wachstum werden nicht in Frage gestellt. Damit bleibt – laut der Agora-Studie – zu fordern, dass »das Schienennetz besser genutzt und ausgebaut wird.« Würde jedoch nur die Hälfte des gegenwärtigen Lkw-Verkehrs in Deutschland auf die Schiene verlagert – das wären mit Stand 2020 rund 250 Milliarden Tonnenkilometer, so müsste die Leistung des Schienengüterverkehrs fast verdreifacht werden. Das ist nicht vorstellbar. Agora bietet dann als Ausweg den Einsatz von »klimaneutralen Lkw« an. Damit ist gemeint, die Autobahnen mit Oberleitungen auszustatten und »Oberleitungs-Hybrid-Lkw mit klimaneutral hergestelltem synthetischem Diesel und/oder mit Batterien für die Fahrten abseits eines Oberleitungssystems auf Autobahnen« einzusetzen.[163]

Ein solches Konzept ist monströs, am Ende nicht klimaneutral und auch nicht finanzierbar – es sei denn in Verbindung mit einem massiven Abbau öffentlicher Ausgaben in anderen Sektoren, so im Sozialbereich. Genau diesen Weg beschreitet die Bundesregierung, die erste Autobahnabschnitte mit Oberleitungen ausgebaut hat und Testfahrten mit Oberleitungs-Lkw durchführen lässt.

Der Abbau bestehender Güterverkehre und die Verlagerung des verbleibenden Gütertransports auf die Schiene und teilweise auch auf das Binnenschiff sind demgegenüber eine tatsächlich nachhaltige Perspektive. Der mit diesem Programmpunkt geforderte Abbau des globalisierten Güterverkehrs würde im Übrigen regionales Wirtschaften und kleinere Wirtschaftseinheiten fördern und auf diese Weise hunderttausende Arbeitsplätze schaffen.

---

163 Agora, a. a. O., S. 23, These 8.

Bilanz | Wichtiger als beim Personenverkehr ist die Reduktion des Güterverkehrs auf dem Weg der Regulierung und Integration der tatsächlichen Transportkosten in die Transportpreise. Erst nach einer umfangreichen Vermeidung geht es um Verlagerung. Einige Verlagerungs-Großprojekte sind sogar kontraproduktiv – so die Elbvertiefung in Hamburg, die Vertiefung und der Ausbau der Elbe in Sachsen und die Vertiefung der Weser. Die dafür vorgesehenen Mittel sollten in den Bereichen Förderung des sanften Tourismus und Flussrenaturierung in den entsprechenden Gegenden eingesetzt werden.[164]

164 Siehe z. B. die Stellungnahme der Umweltorganisationen und der Bürgerinitiative Pro Elbe zum Gesamtkonzept Elbe – Strategisches Konzept für die Entwicklung der deutschen Binnenelbe und ihrer Auen am 13. Januar 2017 und die Kritik des BUND an der Weservertiefung.

17.
Die Klimafrage ist auch eine soziale Frage. Die Verkehrswende verbessert die Situation von Menschen, die aus verschiedenen Gründen unzureichend mobil sind

Menschen mit wenig Geld müssen oft an verkehrsreichen Straßen wohnen. Sie müssen besonders weite Wege zur Arbeit fahren. Wer ein geringes Einkommen hat, kann sich oft kein Auto leisten. Die Erzählung vom Auto als letztem Refugium »hart arbeitender Menschen« hilft vor allem der Autoindustrie. Auch Menschen im Rollstuhl, mit einer Sehschwäche, mit Herz-Kreislauf-Erkrankungen sowie Kinder und Jugendliche werden ausgeschlossen. Verkehrsorganisation ist eine soziale Aufgabe. Je weniger Autoabhängigkeit, desto geringer die sozialen Kluften.

Das Auto, vorgeblich Refugium der kleinen Leute, schließt seit jeher die Schwächsten kompromisslos aus. Das betrifft Millionen Menschen mit Beeinträchtigungen und Krankheiten. So sind beispielsweise über acht Millionen Menschen in Deutschland von schweren Augenerkrankungen betroffen.[165] Viele müssen fürchten zu erblinden. Für diese Menschen ist das Auto keine langfristige Alternative. 1,2 Millionen Menschen davon sind bereits schwer sehbehindert oder blind. 2017 lebten auch rund 7,8 Millionen schwerbehinderte Menschen in Deutschland.[166] Im Jahr 2019 ließen sich etwa 500.000 Menschen aufgrund einer Epilepsie ärztlich

165 7,4 Millionen Menschen in Deutschland leiden an einer altersabhängigen Makula-Degeneration, 900.000 Menschen an grünem Star (Glaukom), 1,3 Millionen Menschen sind von diabetischer Retinopathie betroffen. Annahme für mehrfach Betroffene: 10 %.

166 Statistisches Bundesamt (2019): Behinderte Menschen (online).

behandeln.[167] 430.000 Menschen wurden nach einem Herzinfarkt oder Schlaganfall aus einem Krankenhaus entlassen. Etwa zwei Drittel der überlebenden Schlaganfall-Patienten sind anschließend auf fremde Hilfe angewiesen, zusammen sind das 1,3 Millionen Menschen, die in Deutschland mit den Folgen eines Schlaganfalles leben. Einige aus den genannten Gruppen können Auto fahren, den meisten war es aber längere Zeit nicht möglich oder bleibt es dauerhaft verwehrt. Es geht hier wohlgemerkt um eine Personengruppe mit mehr als zehn Millionen Menschen. Zum Vergleich: Bei der Bundestagswahl 2017 bekam die CSU 2,87 Millionen Zweitstimmen.

Ein günstiges Auto kostet monatlich mindestens 300 Euro (für Kaufpreis, Kfz-Steuer, Haftpflichtversicherung, Betriebskosten und Werkstattkosten). Im Durchschnitt fallen über 500 Euro monatlich an. 2,5 Millionen Menschen in Deutschland konnten aufgrund fehlender finanzieller Mittel wichtige Ausgaben für Wohnen und Gebrauchsgüter nicht bestreiten.[168] Die meisten davon werden sich kein eigenes Auto leisten können.

Bei den im Bundestag vertretenen politischen Parteien tut man sich schwer damit, den Autoverkehr als solchen zu kritisieren. Insbesondere fürchtet man offenbar, von finanziell schlecht gestellten Menschen, die derzeit auf das Auto angewiesen sind, an der Wahlurne abgestraft zu werden. Autobesitz gewährleistet in dieser Logik ein (letztes) Stück sozialer Teilhabe und Würde. Beim letzten SPD-Kanzlerkandidaten Martin Schulz kamen »hart arbeitende Menschen« in fast jeder Wahlkampfrede vor.[169] Gleichzeitig organisierte Schulz noch während seines Wahlkampfs als Parteichef die SPD-Zustimmung für eine Grundgesetzänderung, mit Hilfe derer die Autobahnen zentralisiert und ihre künftige Verwaltung formell privatisiert

167 Deutsche Epilepsie-Vereinigung (2020): Epilepsie – Krankheitsbild und Häufigkeit.

168 Eurostat (2020): Unter erheblicher materieller Deprivation leidende Personen.

169 Siehe Oliver Klasen (2017): Martin Schulz und »hart arbeitenden Menschen«, Süddeutsche Zeitung vom 20. September 2017.

wurde – die Voraussetzung für umfassende öffentlich-private Partnerschaften im Autobahnbau.

Tatsächlich stehen hart arbeitende Menschen mit ihrem Auto – sofern sie sich ein Auto überhaupt leisten können – immer öfter im Stau. Die bayerische CSU versuchte daraus mit der »Ausländer-Maut« politisches Kapital zu schlagen: Ausländer raus und Ausländer auch runter von unseren Straßen.

Die Verlängerung der jährlichen Wegstrecken pro Person ist ein soziales Phänomen.[170] Das wird teilweise durch Technik ermöglicht. Schneller zu reisen, erlaubt es, pro Jahr mehr Kilometer zurückzulegen. Es ist aber auch durch soziale und strukturelle Veränderungen veranlasst, dass wir dieses Mehr an Kilometern in der Mehrzahl und auch im Bevölkerungsdurchschnitt zurücklegen. Dabei befriedigen wir grundsätzlich ganz ähnliche Bedürfnisse wie vor fünfzig und vor hundert Jahren. Befragt man Menschen, was sie glücklich macht, so nennen sie Gesundheit und soziale Beziehungen. Wir bilden uns weiter. Wir wollen uns kulturell (und religiös oder spirituell) betätigen respektive an entsprechenden Ereignissen und Angeboten teilhaben. Es geht darum zu essen. Wir arbeiten, um wohnen, Essen und gesellschaftliche Teilhabe bezahlen zu können. Diese Bedürfnisse sind im Grunde Jahrtausende alt. Relativ neu ist das Bedürfnis, uns zyklisch »zu erholen« und Sport zu treiben. In wenigen Worten: Menschen treffen, Bildung, Kultur, Sport und Gesundheit, Urlaub, Essen, Einkaufen und Arbeit – all dies sind unsere Bedürfnisse, für die wir immer weitere Wege auf uns nehmen. Es hat den Anschein, als wären wir eine recht mobile Gesellschaft geworden – zwar zu einem sehr hohen Preis, aber dennoch mobil. Entscheidend dabei aber ist: Wir treffen nicht mehr Menschen – nur weiter entfernt lebende Menschen. Wir sehen nicht mehr schöne Landschaften – nur vielleicht exotischere. Und so weiter. Auf den Nenner gebracht: für

170 Für 1994 nennt »Verkehr in Zahlen« 93 Millionen Wege im Jahr; 2014 = 104 Millionen Wege im Jahr. Berücksichtigt man das leichte Bevölkerungswachstum, ergibt sich ein geringerer Anstieg. Die einzige Wegeart, die rückläufig ist, sind die Fußwege. (Verkehr in Zahlen, 2016/17, a. a. O., S. 222 f.).

die Befriedigung sehr ähnlicher Bedürfnisse werden immer längere Wege in Kauf genommen und oft auch erzwungen.

Die nur dem Anschein nach mobile Gesellschaft wirkt geradezu starr, wenn es darum geht, den vorhandenen Wohnraum auf die Wohnbevölkerung zu verteilen. Seit 30 Jahren ist das Bevölkerungswachstum in Deutschland gering. Der verfügbare Wohnraum steigt hingegen durch Neubau – und trotz Abriss – stark an. Gleichzeitig nehmen Wohnungsnot und Mietpreise exorbitant zu. Das liegt daran, dass die Menschen sich nicht dort eine Wohnung suchen (können), wo Wohnungen in großer Zahl leer stehen. Das hat eine erhebliche Auswirkung auf die Länge der zurückgelegten Wege pro Jahr. Wohnen an sich verursacht keine Wege. Aber es glückt immer weniger Menschen, dort eine Wohnung zu finden oder zu behalten, wo sie nur kurze Wege zu ihren täglichen Zielen haben.

Die Gelbwesten-Bewegung in Frankreich entzündete sich an einer Erhöhung der Preise für fossile Kraftstoffe, insbesondere auf Diesel. Unter den Protestierenden der ersten Stunde waren viele auf das Auto angewiesene Kleinunternehmer und prekär Beschäftigte. Es gab sogar eine Besetzung des Parkplatzes von Disneyland Paris, auf dem Parktickets 30 Euro kosten. Eine Besetzung, um gratis parken zu können? In der weiteren Auseinandersetzung gelang es den Gelbwesten, die Dieselpreiserhöhung zu überwinden und die Ursachen sozialer Probleme als solche zu benennen.

Die Gelbwesten fordern eine Senkung der Verbrauchssteuern und ein Anheben des Mindestlohns und der Renten. Dabei zeigten die »Gilets Jaunes« auf, dass nicht einfach das Autofahren (und Parken und die Mautgebühren) für sie zu teuer würden. Sie machten klar, dass sie ganz unabhängig vom Auto finanziell mit dem Rücken zur Wand stehen – dass viele vom Auto abhängig sind, sehen sie als Problem, nicht als Teil der Lösung. Die niedrigen Löhne, die große Ungleichheit in der Vermögensverteilung und Einkommensbesteuerung und das Fehlen von Infrastruktur vor allem im ländlichen Bereich werden angeprangert. Die Gilets Jaunes wehrten sich dagegen, die Kosten für den nötigen ökologischen Umbau aufgedrückt zu bekommen, während sie obendrein von jeglicher Ausgestaltung solcher Umverteilung ausgeschlossen blieben. Sie unterstützen folgerichtig seit Ende 2019 die Proteste gegen Macrons Rentenreform. Die symbolische Besetzung der Kreisverkehre und Mautstellen verstehen die Gelbwesten explizit als einen Akt, »das Fließen, das ihr unwürdiges Leben bestimmt, in Frage zu stellen – ein Fließen, das tatsächlich nicht verbindet, sondern isoliert.« Als Akt der Entschleunigung also.[171]

Auf den wachsenden Druck aus der Klimabewegung reagierte die deutsche Bundesregierung im Herbst 2019 mit dem Vorschlag einer *CO_2-Steuer*. Diese der französischen Dieselsteuer ähnliche Verbrauchssteuer würde geringe Einkommen besonders stark treffen. Gleichzeitig ist sie wesentlich zu niedrig ausgelegt, um tatsächlich ökologisch steuernde Effekte zu entfalten. Es kommt zu der absurden Situation, dass einerseits Interessenvertreter der Auto- und Erdölindustrie die CO_2-Steuer aus vorgeblich sozialen Gründen ablehnen. So sieht US-Finanzminister Steven Mnuchin hart arbeitende Menschen durch die deutsche CO_2-Steuer bedroht: »Mit Blick auf die deutsche Entscheidung, vom kommendem Jahr an mit einem Preis von 25 Euro je Tonne den Ausstoß von CO_2 zu verteuern, um die eigenen CO_2-Emissionen zu drücken, sagte [US-Finanzminister Steven] Mnuchin: Ein Preis auf den Verbrauch von CO_2 sei eine Steuer für hart arbeitende Menschen.« Gleichzeitig fordern auf der anderen Seite Aktive aus der Umwelt- und Klimabewegung eine drastische Erhöhung der Abgabe – unter Ignorierung der damit verbundenen sozialen Belange. Die Partei Bündnis 90/Die Grünen beschloss im November 2019, einen Preis von 40 Euro pro Tonne CO_2 einzuführen. Die Bewegung Fridays for Future fordert mit Berufung auf das Bundesumweltamt einen Preis von 180 Euro pro Tonne CO_2.

Mit der CO_2-Steuer werden Umwelt- und Klimabewegung einerseits und Sozialverbände und Gewerkschaften andererseits in ein kräf-

171 Luisa Michael: Über den langen Atem der Gelbwestenbewegung in Frankreich, in: Lunapark21, Heft 49, S. 13. Der Protest gegen die Rentenreform wuchs im Verein mit einem Generalstreik zur größten Protest- und Streikwelle an, die das streikgewohnte Frankreich in den letzten 25 Jahren erlebt hatte.

tezehrendes Dilemma getrieben, bei dem bezogen auf den Verkehr das eigentliche Ziel in jedem Fall verfehlt wird: die signifikante Reduktion von CO_2. Eine CO_2-Steuer von 10 Euro pro Tonne entspricht einer Preissteigerung für den Liter Benzin von 2,4 Cent, bei 40 Euro pro Tonne wären es 9,5 Cent, beides liegt im Rahmen der ohnehin üblichen Preisschwankungen. 180 Euro pro Tonne CO_2 würden eine Benzinpreiserhöhung von 42 Cent pro Liter bewirken. Die durchschnittliche Auto-Jahresfahrleistung liegt bei 13.500 Kilometern, wer diese Strecke wegen fehlender Nahverkehrsanschlüsse nicht vermeiden kann, zahlt monatlich 40 bis 50 Euro zusätzlich. Das ist für Menschen mit geringen Einkommen schon keine Kleinigkeit mehr. Zu argumentieren, das wäre eine Steuer, mit der auf andere Verkehrsmittel umgelenkt würde, ist solange unernst, wie es keine großen Schritte zur flächendeckenden Schaffung dieser Alternativen gibt. Tatsächlich gibt es unter den bestehenden Bedingungen keineswegs schon überall Wahlfreiheit zwischen dem Auto und klimaschonenden Verkehrsträgern.

Obendrein ist die CO_2-Steuer als »End-of-Pipe«-Regel[172] kaum imstande, einen Verkehrsmarkt neu zu ordnen, der zuvor politisch bewusst verquer aufgestellt wurde und in dem die »roten Verkehrsarten« strukturell massiv subventioniert werden. Menschen mit geringen Einkommen müssten also erhebliche zusätzliche Ausgaben tätigen, ohne dass sich dadurch an der CO_2-intensiven Grundstruktur nennenswert etwas ändern würde.

Das Elektroauto verschärft soziale Gegensätze. Die Anschaffungskosten sind höher, zyklische Batterieaustausche bewirken höhere laufende Kosten, selbst die Ladestationen sind ungerecht verteilt: Sie konzentrieren sich auf die wohlhabenden Viertel.

Im Übrigen ist die Klimafrage auch hinsichtlich der Einkommens- und Vermögensverhältnisse eine soziale Frage. Je reicher Menschen sind, desto größer ist ihre Klimabelastung. Das einkommensschwächste Viertel der Bevölkerung ist nur für einen Bruchteil der

---

172 Mohssen Massarrat (2019): »Das Ende der Kompromisse. Wirkliche Klima- und Umweltpolitik muss radikal Prioritäten setzen und hat nichts mit einer Kohlendioxidsteuer zu tun.«, Rubikon.de

CO_2-Belastung verantwortlich. Nach einer jüngeren Berechnung für Österreich liegen die Pro-Kopf-CO_2-Emissionen im Verkehrsbereich beim unteren Einkommensviertel bei 1,7 Tonnen CO_2 im Jahr. Das obere Einkommensviertel verbraucht dagegen 5,4 Tonnen CO_2 – drei Mal so viel. Das Umweltbundesamt in Dessau weist auf eine vergleichbare Situation in Deutschland hin und stellt fest, dass der Zusammenhang auch jenseits des Verkehrsbereichs gilt.[173] Rund 40 Prozent der Haushalte im unteren Einkommensviertel haben kein Auto. Mehr als 40 Prozent der Haushalte im oberen Einkommensviertel haben zwei und mehr Pkw.[174] Das heißt, dass die Gruppe in der Bevölkerung, die für das Gros der Klimabelastung die größte Verantwortung trägt, eine CO_2-Steuer leicht wegstecken kann. Dagegen trifft diese Steuer diejenigen hart, die am wenigsten zur Klimabelastung beitragen.

Bilanz | Die aktuelle Regierungspolitik versucht, einkommensschwache Gruppen und Umweltbewegung gegeneinander auszuspielen, indem die jeweils größten Interessensgegensätze in einen Vorschlag gepackt werden. Es wird deutlich, dass es notwendig ist, stattdessen die Schnittmengen beider Gruppen zu finden und diesem Entwicklungspfad zu folgen. Dazu gehören das Tempolimit, der ÖPNV-Nulltarif, die Verbesserung der Bedingungen für Beschäftigte im ÖPNV und die Ausweitung der grünen Verkehrsarten Zufußgehen, Radfahren, mit ÖPNV und Bahn fahren.

---

173 »Steigende Haushaltsnettoeinkommen haben steigende Umweltbelastungen zur Folge. Am Beispiel der Verkehrsausgaben lässt sich der Zusammenhang aufzeigen: Haushalte niedriger Einkommen gaben 2016 im Schnitt 96 Euro [monatlich; d. Verf.] dafür aus, während Haushalte in der höchsten Einkommensklasse mit 718 Euro mehr als sieben Mal so viel aufwendeten. Eine erhöhte Mobilität, häufigeres Reisen und hohe Fahrleistungen mit eigenen Kraftfahrzeugen tragen erheblich zu Umweltbelastungen, wie zum Beispiel klimaschädlichen Emissionen, bei.« Umweltbundesamt (2019): Einkommen, Konsum, Energienutzung, Emissionen privater Haushalte.

174 Angaben für Österreich. Dabei hier und bei den vorausgegangenen Angaben für Österreich: VCÖ, Mobilität als soziale Frage, Januar 2018.

18.
Eine Verkehrswende heißt, die Arbeit der Beschäftigten im Verkehrsbereich wertzuschätzen und die Zahl der Arbeitsplätze dort wesentlich zu erhöhen

Die Zahl der Beschäftigten im Schienenverkehr und im ÖPNV wurde in den letzten 25 Jahren massiv abgebaut. Gleichzeitig sind die Fahrgastzahlen in der Summe erheblich gestiegen. Erhöht hat sich auch die Verkehrsleistung im Güterverkehr auf der Schiene – erneut verbunden mit Belegschaftsabbau. Die Belastung beim Personal ist damit erheblich gewachsen. Es ist eine Ausbildungs- und Einstellungsoffensive nötig. Um die Berufe Lokführerin, Zugbegleiter, Straßenbahnfahrer, Busfahrerin attraktiver zu machen, müssen die Gehälter deutlich erhöht, die Tarifbedingungen sichtbar verbessert und muss die akute Arbeitsverdichtung reduziert werden.

Mechatronikerinnen und Schlosser halten Fahrzeuge instand. Fahrerinnen und Fahrer sind bis spät in der Nacht und am frühen Morgen für uns unterwegs, in Bussen, Straßenbahnen, S-Bahnen, U-Bahnen und Zügen, auch samstags und sonntags. Ingenieurinnen und Ingenieure zeichnen für die Sicherheit von Brücken, Tunneln, Schienen und Oberleitungen verantwortlich. Verwaltungskräfte nehmen Beschwerden entgegen, Reinigungskräfte säubern die Fahrzeuge und Bahnhöfe und kümmern sich im Winter um die Beseitigung von Schnee und Eis. Der klimaschonende Schienen- und Busverkehr wird von Menschen gemacht. Im Jahr 1998 waren noch 153.000 Menschen im Betrieb von Bussen, Straßenbahnen und U-Bahnen beschäftigt. Damals wurden sieben Milliarden Fahrgäste im Jahr befördert, ca. 46.000 Fahrgäste pro Beschäftigtem. 2017 waren es durch Personalabbau nur noch 125.000 Beschäftigte, gleichzeitig ist aber die Beförderungsleistung auf 8,8 Milliarden Fahrgäste im Jahr gestiegen. Das sind 70.000 Fahrgäste pro Beschäftigtem und somit über 50 Prozent mehr! Mit der Arbeitsverdichtung nahm die Belastung enorm zu, die Krankenstände stiegen vielfach auf über 10 Prozent.[175]

Durch Einsparungen sank zwischen 2000 und 2016 der Personalkostenanteil im ÖPNV im Bundesdurchschnitt von 46,5 auf 37,1 Prozent. Das bedeutet, dass beim ÖPNV-Personal 20 Prozent auf dem Rücken der Beschäftigten eingespart wurden. Infolge der schlechten Arbeitsbedingungen und Bezahlung wird es zunehmend schwierig, Personal zu finden – die Belegschaften überaltern.

Der Personalabbau und die enorme Arbeitsverdichtung sind eine Folge der Öffnung des ÖPNV für den Wettbewerb und der darauf folgenden Privatisierungen. Verarmende Kommunen nutzten die Marktöffnung ab Anfang der 2000er Jahre für Einsparungen und lagerten viel an Privatunternehmen mit schlechteren Tarifverträgen oder sogar ohne Tarifbindung aus. Dazu kamen auch bei den Kommunen zahlreiche Ausgliederungen in Tochterfirmen mit schlechteren Tarifbedingungen. Die Gewerkschaften mussten unter dem Druck oft Zergliederung und Verschlechterung der Tarifbedingungen akzeptieren. So unterliegen die Beschäftigten nicht dem allgemeinen Tarifvertrag für den öffentlichen Dienst (TVÖD), es gibt dafür den Tarifvertrag Nahverkehr (TV-N). Dort unterscheiden sich Gehaltsstruktur und Arbeitsbedingungen regional teilweise erheblich.

Im Bereich Eisenbahn – Deutsche Bahn und private Bahnbetreiber – kam es seit Anfang der 1990er Jahre sogar zu einem Abbau von rund 200.000 Arbeitsplätzen. Gleichzeitig haben sich die Leistungen im Schienenpersonennahverkehr fast verdoppelt. Im Schienengüterverkehr stiegen sie um rund 25 Prozent. Insgesamt kam es im Bereich Schienenverkehr zu einem Anstieg der Leistungen um mehr als

175 Die Angaben zu Beschäftigten, Krankenständen, Fahrgästen nach: ver.di 2020, DGB 2016, vdv 2017, eigene Berechnungen.

30 Prozent bei gleichzeitigem Abbau der Beschäftigtenzahl um mehr als 50 Prozent. Selbst wenn man eine größere Steigerung der Produktivität unterstellt, so bedeutet dieser Vorgang vor allem dreierlei: (1) Die Belastung für den einzelnen Beschäftigten im Schienenverkehr ist gestiegen. (2) Die Ausgaben in strategisch wichtigen Bereichen wie Ausbildung, Instandhaltung und Wartung wurden in unverantwortlicher Weise gesenkt. (3) Die Qualität in den Bereichen Service und Komfort wurde derart stark abgesenkt, dass viele die Bahn dauerhaft meiden.[176]

ÖPNV und Bahnverkehr sind keine Juke-Box, in die man eine Münze wirft, und dann wird die gewünschte Musik gespielt. Dahinter stehen Menschen, die menschenwürdige Behandlung verdienen. Nachfolgend zehn Forderungen für mehr Respekt für die Menschen, die unsere Züge und Busse fahren und instandhalten:

1. Die Arbeitsverdichtung im ÖPNV muss wieder reduziert werden. 70.000 Fahrgäste pro Beschäftigtem bedeuten, dass kaum noch Reserven vorhanden sind. Arbeitsstress und Frust sind bei den Beschäftigten groß; beim Material und der Infrastruktur wird auf Verschleiß gefahren. Ausfälle führen zu einer weiteren Anhäufung von Überstunden. Die Beschäftigten sind dauergestresst, die Konzentration leidet. Die Zahl der Neueinstellungen muss daher deutlich über den Anforderungen liegen, die sich aus dem Zuwachs des Fahrgastaufkommens ergibt. Das bedeutet, dass mindestens solange eingestellt wird, bis das Verhältnis Fahrgäste pro Beschäftigtem wieder bei verträglichen 46.000 angekommen ist.
2. Die Arbeitsbedingungen im ÖPNV müssen menschenfreundlich sein. Schichten müssen familienfreundlicher gelegt werden. Und es muss Schluss sein mit den vielfach praktizierten 12- bis

176 Die Zahl der Beschäftigten bei der Deutschen Bahn im produktiven Bereich (Nahverkehr, Fernverkehr, Schienengüterverkehr, Bahnhöfe, Fahrweg/Netz, Werke) lag 1994 bei 325.200. Bis 2019 war sie auf 137.430 reduziert. Ausführlich bei: Bernhard Knierim / Winfried Wolf: Abgefahren, a. a. O., S. 202. Gleichzeitig gab es ein Wachstum von wenigen zehntausend Arbeitsplätzen bei den privaten Bahnen.

14-Stunden-Schichten: Eine derartige Ausbeutung von Gesundheit und Arbeitskraft der Beschäftigten ist nicht zu rechtfertigen. Es leidet nicht nur die Gesundheit der Beschäftigten, aufs Spiel gesetzt wird auch die Sicherheit und Unversehrtheit der Fahrgäste. Ausgeruhte und ausgeglichene Beschäftigte sind freundlich und zuverlässig, fahren ruhig und fahrgastfreundlich und folgen dem Verkehrsgeschehen aufmerksam.

3. Der Schlafrhythmus leidet unter ständig wechselnden Zeiten von Dienstbeginn und -ende, Schlafstörungen und eine aus zeitlichen Gründen schlechte Ernährung gehören zu den Ursachen von hohen Krankenständen und gefährden die Verkehrssicherheit. Es muss im Bahnverkehr und beim ÖPNV harmonischere und verlässlichere Zeiten für Arbeitsbeginn und Feierabend geben.
4. Mit Tricks ist es den Arbeitgebern im ÖPNV gelungen, Arbeitszeiten unbezahlt zu verlängern. Wegezeiten zur Übernahme eines Fahrzeugs auf der Strecke werden oft nicht angerechnet, auch sogenannte Wendezeiten gelten zumeist nicht als Arbeitszeit. Es ist nicht zu rechtfertigen, diese Zeiten nicht zu vergüten. Auch die reguläre Gesamtarbeitszeit muss reduziert werden. 60 Prozent der Beschäftigten im ÖPNV machen regelmäßig ca. vier Überstunden pro Woche.[177]
5. In Kurzpausen von 8 Minuten kann man sich nicht erholen, und oft nicht einmal zur Toilette gehen. Wollen wir wirklich eine Verkehrsorganisation, in der Beschäftigte weniger Flüssigkeit zu sich nehmen, weil ihnen nicht ausreichend Zeit für den Toilettengang zugestanden wird? Nötig sind ausreichende Mindestruhezeiten und gut organisierte, auskömmliche Pausen.
6. Bus-, U- und Straßenbahnfahrer werden besonders häufig an einem ihrer freien Tage zur Arbeit gerufen, die Planbarkeit des privaten Lebens wird beeinträchtigt. Benötigt werden daher bezahlte Reservedienste.

177 Angaben nach ver.di 2020, DGB 2014.

7. Beschäftigte im Fahrdienst werden von den Fahrgästen als erste und oft als einzige Ansprechpartner gewählt. Der Bus oder Zug ist ausgefallen oder deutlich verspätet... Fahrzeuge und Sitze sind beschmiert... Routen werden infolge von Baustellen verändert... Schon wieder Schienenersatzverkehr ... Der Fahrdienst soll über all das Auskunft geben oder sich rechtfertigen. Es gibt auch betrunkene oder aggressive Fahrgäste. Und immer ist der Fahrdienst vor Ort mit den betreffenden Problemen als erster konfrontiert. Notwendig sind attraktive und gerechte Teilzeitregelungen. Dabei sollte der Verdienstausfall begrenzt werden: All diese Sonderbelastungen im Fahrdienst liegen nicht in der Verantwortung der Beschäftigten.
8. Beschäftigte im ÖPNV-Fahrdienst erhalten keine Zulagen für ihre Schichtarbeit. Für Nacht-, Wochenend- und Feiertagsarbeit gibt es zwar Zuschläge, aber die sind zu niedrig, um potenziell Interessierte junge Menschen zur Berufswahl Fahrerin/Fahrer zu bewegen. Damit klappt es mit der Nachwuchswerbung nicht. Schichtarbeit, Nachtarbeit, Wochenendarbeit und Feiertagsarbeit bedürfen einer besonderen Bezahlung, die die zusätzlichen Belastungen angemessen ausgleichen.
9. ÖPNV-Beschäftigte müssen endlich auch unterm Strich wieder mehr Geld erhalten. Die 20 Prozent Einsparung, zu der die Beschäftigten gepresst wurden, müssen zurückgenommen werden. Die Mehrkosten für eine entsprechende Gehaltsanpassung liegen bei bundesweiter Umsetzung bei etwa 2,5 Milliarden Euro jährlich. Ein erheblicher Teil dieser Summe dürfte dadurch wieder hereinkommen, dass gut bezahltes Personal und menschenwürdige Arbeit einen Mehrwert auf unterschiedlichen Ebenen (auch in Form eines geringeren Krankenstandes) schaffen.
10. Im ÖPNV in Deutschland gab es auf dem Tiefpunkt im Jahr 2010 nur noch 108.500 Beschäftigte. Seither steigt die Zahl der Beschäftigten wieder. 2020 sind es rund 130.000. Das zeigt: Ein Anstieg der Beschäftigtenzahl von rund 2400 pro Jahr ist jetzt schon möglich. Mit attraktiven Arbeitsbedingungen und guter

Bezahlung kann die Zahl zusätzlicher Beschäftigter auch auf 5000 pro Jahr gesteigert werden. Damit könnten in den nächsten 20 Jahren 100.000 zusätzliche und gute Arbeitsplätze geschaffen werden. Und die Kapazität des ÖPNV könnte um mehr als die Hälfte ausgeweitet werden. Das ist eine wichtige Voraussetzung für eine echte Verkehrswende und entspricht dem in diesem Manifest – u. a. mit dem Öffi-Nulltarif – unterstellten Wachstum der Fahrgastzahlen.

Bilanz | Wer von Verkehrswende redet, darf nicht zur Lage und Perspektive der Beschäftigten schweigen. Die Offensive für mehr und bessere öffentliche Verkehrsmittel muss begleitet sein von einer deutlich vergrößerten Zahl der Arbeitsplätze, von höheren Löhnen und Gehältern und von erheblich besseren Arbeitsbedingungen für die Beschäftigten in diesen Bereich.

19.
Der Autoverkehr muss drastisch reduziert werden – und damit auch die Zahl der Autos

Im Jahr 2030 sollte es deutlich weniger Autos geben, die verbleibenden Pkw sind dann idealerweise kleiner und leichter, fahren langsamer und weniger weit und verursachen deutlich weniger Emissionen. In den Städten gibt es viel neuen Platz für Grünanlagen. Viele Innenstädte sind komplett autofrei. Kinder können selbständig zur Schule gehen und unbeschwert draußen spielen. Die Menschen halten sich auch durch ihre täglichen Wege gesund.

Das Übereinkommen von Paris vom 12. Dezember 2015 mit dem Ziel der Begrenzung der menschengemachten Erderwärmung ist faktisch ein von der Staatengemeinschaft beschlossener, hoch ambitionierter Plan zur Konversion der Weltwirtschaft. Nun ist Planwirtschaft im Kapitalismus eher ungewöhnlich. Das Ziel, CO_2-Emissionen innerhalb von 20 Jahren vom heutigen Niveau auf nahe Null zu senken, ist jedoch auf Planung angewiesen. Es geht um die Verwaltung knapper Ressourcen – wer darf wie viel von den verbleibenden 600 bis 800 Gigatonnen CO_2 emittieren? Es geht auch darum, ganze Industriezweige zu einer Konversion zu bringen und Infrastrukturen stark umzubauen.

Viele Vorschläge drehen sich direkt oder indirekt um den Abschied vom Auto, um Alternativen, Vermeidung, Verlagerung. Das ist auch in ökologischen Kreisen noch nicht selbstverständlich. In der Agora-Studie[178] finden sich die folgenden Schlüsselsätze: »Verkehr wird auch in Zukunft über motorisierte Fahrzeuge abgewickelt.

---

178 Agora, a. a. O.

Dies gilt umso mehr vor dem Hintergrund des wachsenden Weltmarkts für Pkw. Bis zum Jahr 2050 könnte ihre Zahl von derzeit 900 Millionen auf 2,4 Milliarden ansteigen. Um die Klimaziele dennoch zu erreichen, ist es deshalb unerlässlich, den Anteil emissionsfreier Fahrzeuge zu steigern – nicht nur im Personen-, sondern auch im Gütertransport.«[179]

Dabei wird das weitere Wachstum der Zahl der Autos und des Straßenverkehrs als gegeben hingenommen. Der gigantischen Steigerung der Anzahl der Autos um mehr als das Zweieinhalbfache kann nicht begegnet werden, indem der »Anteil an emissionsfreien Pkw«, gemeint: an Elektro-Pkw, gesteigert wird.

Natürlich gibt es die Problematik, dass die Schwellenländer mit dem Kurs auf Automotorisierung den schmutzigen Entwicklungspfad nachholen, den die OECD-Staaten seit rund einem Jahrhundert beschreiten. Und natürlich ist hier politische Sensibilität geboten. Doch es geht erstens darum, dass wir radikale Schritte unternehmen, um den Autoverkehr im globalen Norden zu reduzieren. Zweitens sind es, wie dargestellt, überwiegend »unsere« – Autokonzerne, die auf globaler Ebene den Weg der ständig gesteigerten Weltautodichte vorantreiben.[180] Und drittens sind es auch internationale Institutionen und unsere Regierungen – im zitierten Fall mit Unterstützung von deutschen Umweltverbänden – die behaupten, dieser Weg sei kein grundsätzliches Problem, wichtig sei jetzt nur, dass »emissionsfreie Fahrzeuge« zum Einsatz gelangten.

---

179 Agora, a. a. O., S. 19, These 6.

180 Die Weltautofertigung hat sich rein physisch in den letzten drei Jahrzehnten weg von Nordamerika und Westeuropa und hin nach Asien und hier vor allem nach China, Indien und Südkorea bewegt. Dennoch blieb es dabei, dass zwölf »westliche« Autokonzerne (Toyota, VW, Renault, Hyundai, Nissan-Mitsubishi, GM, Ford, Honda, PSA (mit Fiat), Suzuki, Daimler und BMW) rund drei Viertel der Weltautoproduktion kontrollieren. VW ist Marktführer in China, Suzuki ist (mit seiner Tochter Maruti) Marktführer in Indien. So groß der chinesische Automarkt ist und so stark einzelne chinesische Hersteller auf dem Binnenmarkt sind – es gibt keinen einzigen chinesischen großen Autohersteller, der international konkurrenzfähig ist. Siehe: Winfried Wolf: Mit dem Elektroauto in die Sackgasse, März 2020, S. 174.

Der Abschied vom Auto ist Wesenskern der Verkehrswende und alternativlos. Die sich daraus ergebenden weiteren Punkte sind mit diesem Schritt verknüpft, führen ihn herbei oder folgen ihm nach. Die Reduktion des CO_2-Ausstoßes durch den Autoverkehr kann durch vier Komponenten erfolgen: Die Anzahl der fahrenden Autos (1) sowie die Wege pro Auto (2) werden verringert. Die Länge der Wege pro Auto und Person (3) und der CO_2-Ausstoß pro gefahrenem Personenkilometer (4) werden reduziert.

Die CO_2-Reduktion ist dann das Produkt aus allen vier Faktoren. Um auf einen gegenüber heute sehr niedrigen Wert von verbleibenden sechs Prozent der heutigen CO_2-Emissionen durch Autos zu kommen, müssten in allen vier Bereichen die Werte auf jeweils die Hälfte reduziert werden.[181] Die Verringerung muss dabei jeweils absolut sein, Rebound-Effekte sind auszuschließen oder zu kompensieren. Das kann durch die Umsetzung der im Folgenden aufgeführten Maßnahmen gelingen.

Die Anzahl der fahrenden Autos wird verringert

Längst nicht jede Autofahrt wird von Autofahrenden als notwendig angesehen. Selbst wenn persönlich (noch) keine Alternative vorliegt, wünschen sich viele Autofahrende solche Alternativen. Für die sukzessive Reduktion des Autoverkehrs in den kommenden 20 Jahren sollte damit begonnen werden, den jeweils schwächsten Gründen für das Autofahren etwas entgegenzusetzen – sie werden auf die größte Unterstützung stoßen. Kaum jemand wird sich trauen zu fordern, Autobesitzern ihr Auto wegzunehmen. Viel aussichtsreicher ist es daher, Menschen davon zu überzeugen, sich gleich gar kein Auto zu kaufen. Autos werden in Deutschland im Durchschnitt

---

181 Die Rechnung lautet: Anzahl der fahrenden Autos halbiert: 50 %, Wege pro Auto halbiert: 50 %, Länge der Wege pro Auto und Person halbiert: 50 %, CO_2-Ausstoß pro Personenkilometer halbiert: 50 %, $0{,}5 * 0{,}5 * 0{,}5 * 0{,}5 = 0{,}0625 = 6{,}25\,\%$. Zuvor können die Gesamtemissionen bereits durch eine (gleichzeitige) Reduktion aller vier Bereiche um jeweils 16 % um 50 % gedrosselt werden: $0{,}84 * 0{,}84 * 0{,}84 * 0{,}84 = 0{,}50 = 50\,\%$.

zehn Jahre lang genutzt. Es ist zu erwarten, dass in den kommenden 20 Jahren rund zwölf Millionen Autos allein dann aufgegeben werden, wenn heute 60-Jährige 80 Jahre alt sind und heute 80-Jährige hundert.[182] Eine wichtige Aufgabe besteht dabei darin, zu verhindern, dass junge Menschen in das zerstörerische Mobilitätsverhalten der Alten nachrücken.[183] Durch stark ermäßigte oder kostenlose Jahreskarten im öffentlichen Nahverkehr oder bei der Bahn sollte ihnen die Möglichkeit geschaffen werden, sich die Welt ohne Auto zu erschließen.

Sodann: Ein Auto zu besitzen mag notwendig sein, aber das Zweitauto ist in den allermeisten Fällen unnötig. 2018 waren 21 Prozent der Privatautos in Deutschland Zweit- oder Drittwagen[184], das sind insgesamt 7,3 Millionen Fahrzeuge. Hier sollten so hohe Steuern anfallen, dass die meisten dieser Autos aufgegeben werden.

Nach der Finanzkrise 2008 war von der Bundesregierung eine sogenannte Abwrackprämie beschlossen worden. Fünf Milliarden Euro sollten der Förderung der Konjunktur dienen und die von der Krise gebeutelten Autokonzerne stützen. Eine Verringerung des CO_2-Ausstoßes war nicht vorgesehen und wurde auch nicht erreicht. Mit verbesserten Randbedingungen kann jedoch mit Prämien ein signifikanter Anreiz gesetzt werden, das Auto dauerhaft abzugeben.[185] Gleichzeitig können die Voraussetzungen für gemeinschaftliche Fahrzeuganmeldungen geschaffen werden. Damit können sich Nachbarn, Verwandte oder Arbeitskollegen Fahrzeug und Abmelde-

---

182 Kraftfahrt-Bundesamt (2020), Bestand an Kraftfahrzeugen und Kraftfahrzeuganhängern nach Haltern, Wirtschaftszweigen, 1. Januar 2019 (FZ 23).

183 In Deutschland werden gemäß Statistischem Bundesamt im Jahr 2040 zwischen 17 Millionen Menschen wohnen, die in diesem 20-Jahres-Zeitraum in das Führerscheinalter über 18 Jahre eingetreten sind (bei mittlerer Geburtenrate, mittlerer Sterberate und mittlerer Wanderungsquote).

184 Kraftfahrt-Bundesamt (2020), Pkw-Bestand am 1. Januar 2018 nach Haltern.

185 So kann über das Kraftfahrt-Bundesamt geregelt werden, dass bei einer späteren Neuanmeldung die Prämie zurückzuerstatten ist. Für jedes autofreie Jahr können 10 % der Prämie von der Pflicht zur Rückzahlung freigestellt werden.

prämie teilen. Im Carsharing gibt es dieses Prinzip schon seit etwa 25 Jahren. Um auf das eigene Auto zu verzichten, bucht man Autos nur tage- oder stundenweise.[186]

Die Anzahl der Wege pro Auto wird verringert

An Tagen mit hoher Feinstaubbelastung sollte der Autoverkehr generell eingeschränkt werden. Auch für unmittelbare Nähe von Wohngebieten, Schulen und Krankenhäusern ließe sich gut begründen, dass dort nur fahren darf, wer ein nachweisbares Anliegen vorweisen kann – etwa der Weg von oder zur Arbeit oder von und zur Wohnung. Da etwa 50 Prozent aller Autofahrten zum Freizeitverkehr gehören, würde bei einer Durchsetzung dieser Regel eine deutliche CO_2-Wirkung erzielt, ohne dass Berufstätige oder Anwohner negativ betroffen wären.

Ein großes Potenzial bei der Verringerung von mit dem Auto zurückgelegten Wegen liegt in der seit vielen Jahren konstant geringen Besetzung von Pkws. In der überwiegenden Zahl von Autofahrten sitzt nur eine Person im Wagen. Der Besetzungsgrad von Pkws liegt zwischen 1,2 und 1,3. Wege zur Arbeit und dienstliche Wege werden dabei besonders häufig alleine zurückgelegt. In den meisten Pkws haben vier Personen komfortabel Platz. Eine Erhöhung des Besetzungsgrads von 1,2 auf 2,0 senkt die Wegeanzahl pro Person um 40 Prozent.

Autofreie Samstage oder Sonntage, autofreie Wochenenden und generell sonntags autofreie Straßen helfen ebenfalls, die Anzahl der mit dem Auto zurückgelegten Wege zu senken. Kürzere Wohnstraßen können auch öfter für jeweils eine Woche geschlossen werden.

Die Verringerung der Wege sollte auch auf die Infrastruktur ausgedehnt werden. Seit vielen Jahren ist bekannt, dass Straßenbau

186 Wobei zu beachten ist, dass Carsharing nicht gleich Carsharing ist. Seit mehreren Jahren drängen große Autokonzerne und Autovermieter in den Markt, mit Marken wie DriveNow, Car2Go und WeShare. Diese Angebote beginnen, die Zahl der Autos in den Städten wieder zu erhöhen und (insbesondere Touristen) vom ÖPNV abzuwerben. Auch Plattformen wie Uber werben unter dem Sharing-Begriff um Kunden, sind aber faktisch Taxis auf der Grundlage von Deregulierung und Lohndumping.

Straßenverkehr induziert, wobei im Durchschnitt die Zusatzverkehre größer sind als die Kapazitätszuwächse. Umgekehrt führt die Verringerung von Spuren und die Stilllegung von Straßen zu deutlich reduziertem Autoverkehr.[187] Aktuell gibt es in Deutschland ein Straßennetz mit einer Gesamtlänge von 830.000 km, mehr als zwei Drittel, 600.000 km, sind örtliche Gemeindestraßen. Hinzu kommen rund eine Million Kilometer sogenannter »ländlicher Wege«, die ebenfalls inzwischen oft befestigt sind. Instandhaltung, Reinigung, Beleuchtung und der Winterdienst für diese Straßen kosten viel Geld und sind mit enormen Emissionen verbunden. Der Ausbau der Straßennetze und insbesondere der Autobahnen ist generell zu stoppen. Das Straßennetz ist sukzessive auf klimaverträglichere Maße zu reduzieren. Parallel verlaufende Fernstraßen sollten mittelfristig auf eine Verbindung zusammengelegt werden. Wohngebiete können entlastet werden, indem der Durchgangsverkehr begrenzt und Grundstücke grundsätzlich nur noch von einer Seite aus erschlossen werden. In verkehrlich komplexeren Siedlungsbereichen können Parallelstraßen als gegenläufige Einbahnstraßen eingerichtet werden.

Nicht in allen Haushalten wird das Auto für den Weg zur Arbeit benutzt. Für viele ist der Weg in den Urlaub der entscheidende Grund, das Auto (noch) nicht abzuschaffen. Das führt dann allerdings dazu, dass das Auto (da es ja nun schon einmal vor der Tür steht) auch sonst genutzt wird, obwohl am Wohnort gute Alternativen vorliegen. Es kann also vielen Menschen helfen, ihr Auto abzugeben, wenn man autofreie Urlaubswege fördert und den Komfort erhöht. So könnte man als Prämie fünf Jahre lang nach Aufgabe des eigenen Autos jährlich vier 30-km-Taxi-Gutscheine für die An- und Abreise vom Bahnhof zum Urlaubsort ausgeben.

187 Der Rückbau von Verkehrsinfrastrukturen kann sogar Staus ohne einen Rückgang der absoluten Autoanzahl verringern, wie die Beispiele der abgerissenen Stadtautobahn in Seoul oder die Schließung der 42. Straße in New York zeigten. Das Phänomen ist unter dem Namen Braess-Paradoxon bekannt. Danach gibt es in jedem zweiten Zufallsnetzwerk (zu denen Straßennetze häufig zu rechnen sind) mindestens eine Straße, die sich negativ auf die Reisezeiten im Netzwerk auswirkt.

Die Länge der Wege pro Auto und Person verringern

Vielfahrer konterkarieren die Anstrengungen all jener, die sich bemühen, das Auto nur noch dann zu nehmen, wenn es unumgänglich ist. Nun ist es schwierig festzulegen, wann eine Autofahrt unumgänglich ist, und es ist auch kaum überprüfbar. Wer mehr als 10.000 km pro Jahr fährt, hat aber in vielen Fällen auf vorhandene Alternativen verzichtet. Das rechtfertigt eine progressive Besteuerung der individuellen Kilometerleistung, die bei der regelmäßigen technischen Prüfung des Fahrzeugs erhoben werden kann. Damit kann erreicht werden, dass Vielfahrer ihre Jahresfahrleistung deutlich reduzieren.

Es gibt auch kilometerintensive Branchen. Ein oft erwähntes Beispiel sind die Lieferdienste und Online-Bestellungen. Ein weniger bekanntes die häusliche Pflege, wo das Auto enorm an Bedeutung zugenommen hat. 2019 wurden 830.000 Menschen von 390.300 Pflegebeschäftigten aus 14.100 ambulanten Pflegediensten betreut. Wenn die zugehörigen Wege alle mit dem Auto zurückgelegt werden, sind das jährlich ca. 200 Mio. Autofahrten – bei einer durchschnittlichen Wegstrecke von fünf Kilometern eine Milliarde Kilometer insgesamt. Benötigt wird die öffentliche Organisation der Wege in der häuslichen Pflege anstelle von Pflegekräften, die im Auto kreuz- und quer durch Städte und über Land zischen. In einer solchen öffentlichen Organisation der Pflegewege könnten sich die Pflegedienste um Regionen bewerben. Innerhalb einer Region sind die Entfernungen dann von Tür zu Tür kurz, sie können auch mit dem Fahrrad oder zu Fuß zurückgelegt werden.

Der CO_2-Ausstoß pro gefahrenem Personenkilometer verringern

Die Reduktion der maximal zulässigen Höchstgeschwindigkeit (siehe Programmpunkt 1: 120 / 80 / 30 km/h) spart erheblich CO_2. In den Windwiderstand geht die Geschwindigkeit im Quadrat ein. Wer statt 180 km/h nur 90 km/h fährt, stößt ca. nur ein Viertel an CO_2 aus. Man mag auf das Auto angewiesen sein, aber wer ist darauf angewiesen, mit 180 km/h über die Autobahn zu rasen? Das kann und sollte endlich unterbunden werden.

Auch Gewicht und Motorisierung von Autos spielen eine Rolle. Man kann mit einem Drei-Liter-Auto ebenso mobil sein wie mit einem SUV oder einem Porsche. Der 3-Liter-Lupo wurde 1998 eingeführt – vor mehr als zwei Jahrzehnten. Auch bei Elektrofahrzeugen gibt es erhebliche Unterschiede: Der zweisitzige Renault Twizzy hat einen Verbrauch von ca. 7 kWh / 100 km, ein Tesla Model 3 verbraucht mehr als das Doppelte und hat unter Berücksichtigung seines CO_2-Rucksacks aus der Herstellung, insbesondere der Batterieproduktion, sogar einen mehrfach höheren CO_2-Ausstoß. SUVs und andere schwere, übermotorisierte Pkws sollten nicht mehr in die Innenstädte fahren dürfen und mittelfristig gar keine Straßenzulassung mehr erhalten.

Bilanz | Oft wird denjenigen, die für eine konsequente Verkehrswende eintreten, pauschal entgegengehalten: Ihr Spaßbremsen wollt doch bloß das Auto verbieten (»den kleinen Leuten ihr Auto wegnehmen«). Damit soll dann eine Debatte über die erforderliche Reduktion von Autoverkehr unterbunden werden. Dieser Art Debatten sollte man aus dem Weg gehen. Tatsächlich kann man mit einem bunten Strauß kreativer Einzelmaßnahmen die notwendige radikale Reduktion des Autoverkehrs erreichen.

20.
Die Fertigung in der Autoindustrie muss auf klimaschonende Produkte konvertiert werden. Dazu ist sie unter demokratische, öffentliche Kontrolle zu stellen

Das Verkehrswendemanifest, das hier vorgestellt wird, geht an die Wurzeln der bestehenden Autogesellschaft. Bei der Umsetzung der bisher aufgeführten Programmpunkte muss die Zahl der Pkw und Lkw massiv reduziert werden. Notwendig ist auch eine Konversion der Produktion, was eine Enteignung der Autokonzerne und deren Unterstellung unter öffentliche Kontrolle erfordert.

Es gibt einige Ansätze für die Umsetzung eines Verkehrswendeprogramms. Geprüft werden muss beispielsweise, inwieweit neue Strukturen wie Fahrgasträte und ein Fahrgasttag, in denen Umweltverbände, fortschrittliche Verkehrsorganisationen und die im Verkehrsbereich präsenten Gewerkschaften vertreten sind, ein solches Projekt befördern. Eine Elementarforderung: Das Personal an der Spitze der Verkehrswendepolitik – insbesondere in den ÖPNV-Unternehmen und bei der Bahn – muss selbst öffentlichen Verkehr bzw. Bahn »leben« und sich mit der Verkehrswendepolitik identifizieren. Auch muss es eine breite Bewegung von unten geben, die die erforderliche Verkehrsrevolution durchsetzt. Nicht nur die Schülerinnen und Schüler fragen: Wollen wir zulassen, dass ein Machtblock, in dessen Zentrum sich zwölf international agierende Autokonzerne befinden, die Welt in eine Sackgasse, wenn nicht in einen Abgrund lenkt? Dass der Zwang zu Wachstum und Profitmaximierung in der Autobranche den Klimawandel dermaßen beschleunigt, dass es einen point of no return gibt? Die Antwort von vielen lautet:

Dieser Machtblock muss entmachtet, die Autokonzerne müssen der gesellschaftlichen Kontrolle unterstellt werden.

Dass eine solche Forderung den Nerv der Großen Auto-Koalition trifft, zeigte sich 2019, als der Vorsitzende der Jungsozialisten in der SPD, Kevin Kühnert, den Vorschlag einer Enteignung von BMW machte. In einem Interview mit der *Zeit*, das zielsicher am 1. Mai erschien, äußerte Kevin Kühnert zunächst, ohne Kollektivierung sei »eine Überwindung des Kapitalismus nicht denkbar«. Am Beispiel des Autoherstellers BMW führte er aus: »Mir ist weniger wichtig, ob am Ende auf dem Klingelschild von BMW ›staatlicher Automobilbetrieb‹ steht oder ›genossenschaftlicher Automobilbetrieb‹ oder ob das Kollektiv entscheidet, dass es BMW in dieser Form nicht mehr braucht.«[188] Auf das Interview gab es mehr als tausend Kommentare; sehr viele mit Zustimmung. Aus dem Bereich der offiziellen Politik waren die Reaktionen allerdings von Aggression gekennzeichnet. Die FDP-Generalsekretärin Linda Teuteberg antwortete in der *Bild*-Zeitung: »Die SPD muss dringend ihr Verhältnis zum Eigentum klären.« Und vom rechten SPD-Flügel meldete sich Johannes Kahrs, langjähriger Sprecher des Seeheimer Kreises, per Twitter: »Was für ein grober Unfug! Was hat der geraucht? Legal kann es nicht gewesen sein.«[189]

Bedenkt man die enorme Machtzusammenballung, die die Autokonzerne verkörpern, berücksichtigt man die Geschichte der Konzerne, die 1933 bis 1945 alle Profiteure der Aufrüstung und des NS-Kriegs waren – im Fall von BMW[190], VW und Daimler noch

---

188 »Was heißt für Sie Sozialismus, Kevin Kühnert?«, Interview in: Die Zeit, 1. Mai 2019 (Interview von: Jochen Bittner / Tina Hildebrandt).

189 Nach: »SPD distanziert sich von Kühnert«, in: Süddeutsche Zeitung vom 2. Mai 2019; www.sueddeutsche.de.

190 »Der Produktionswert [von BMW; d. Verf.], der 1933 nur 63 Mill. RM betragen hatte, wurde während der Wiederaufrüstungsphase vervierfacht; er erhöhte sich während der Kriegsjahre wie folgt weiter (Beweisstück 1118): 1939: 280 Mill. RM; 1941: 385 Mill. RM; 1942: 561 Mill. RM; 1943: 653 Mill. RM.« Nach: OMGUS – Militärregierung der Vereinigten Staaten von Amerika für Deutschland, Ermittlungen gegen die Deutsche Bank, 1946/1947, hier: Reprint Nördlingen 1985, S. 148.

verbunden mit der massenhaften Ausbeutung von Zwangsarbeitskräften – stellt man in Rechnung den erschreckenden Blutzoll, den die Produkte dieser Industrie Jahr für Jahr den Menschen auferlegen und den massiven Beitrag, den die Autokonzerne zur Klimaerwärmung leisten, dann ist die Enteignungsforderung naheliegend. In jüngerer Zeit kommt der Skandal um die betrügerischen Abschaltvorrichtungen in den Automotoren hinzu. VW musste in den USA gegenüber den Behörden eingestehen, damit bewusst gegen US-Gesetze verstoßen und die Gesundheit von Millionen Menschen geschädigt zu haben. Unter dem Druck der US-Behörden (in der Vor-Trump-Ära) bezahlte der Konzern bislang mehr als 30 Milliarden Euro an Strafgeldern. In Europa weigert sich VW, auch nur annähernd so hohe Entschädigungen zu zahlen. Dabei wurden im Vergleich hier wesentlich mehr Menschen geschädigt. Aber offenbar sind hier Politik und Justiz nicht willens oder imstande, gegenüber dem Autokonzern den rechtsstaatlichen Grundsatz durchzusetzen, dass niemand aus einem Betrug einen Vorteil ziehen darf.

Das in diesem Manifest entwickelte Verkehrswendeprogramm wird nur umgesetzt werden können, wenn es in den Autokonzernen zu einer Umstellung auf völlig andere Produkte kommt (siehe das folgende Schlusskapitel). In der Wirtschaftsgeschichte sind Enteignungen großer Industrien und eine umfassende Konversion der Produktion in großen Industrien zwar selten, aber keineswegs völlig ungewöhnlich. Drei Beispiele mögen dies dokumentieren.

Die Enteignung der privaten Eisenbahnen | Als sich die privaten Eisenbahngesellschaften in der Mitte des 19. Jahrhunderts als unfähig erwiesen, den Bedürfnissen nach einem flächendeckenden Eisenbahnverkehr gerecht zu werden und insbesondere als in der Weltwirtschaftskrise 1873 Dutzende von ihnen in den Konkurs gingen und einen gewaltigen Schaden anrichteten, wurden sie – im Deutschen Reich und in allen europäischen Staaten – verstaatlicht. Sie erlebten als Eisenbahnen unter öffentlicher Kontrolle vor allem im letzten Drittel des 19. Jahrhunderts und in den ersten Jahren des 20. Jahrhunderts ihre Blütezeit.[191]

Die Konversion der deutschen Autoproduktion in der NS-Diktatur | In der Zeit der NS-Herrschaft agierten die deutschen Autokonzerne frei, ohne staatlichen Zwang. Sie begannen bereits früh und aus eigenem Antrieb, die Autoproduktion in Teilen auf Rüstungsfertigung umzustellen (und alle jüdischen Mitarbeiter zu entlassen). Am 8. Juli 1938 fand eine Geheimkonferenz mit Hermann Göring statt – dem Chef der Luftwaffe, Reichskommissar, Gestapo-Gründer und Verantwortlichen für die Errichtung der ersten Konzentrationslager. An dieser Konferenz nahmen Generaldirektoren der Autokonzerne teil – so Wilhelm Kissel für Daimler-Benz und Franz Josef Popp für BMW – sowie führende Vertreter der Flugzeugindustrie. Göring teilte dort den Industrievertretern mit, dass der Krieg unmittelbar bevorstehe. Er führte dann laut Protokoll aus: »Fühlen Sie sich als Industrie, die die Luftwaffe aufzubauen hat, die mit der Luftwaffe bis ins Letzte verbunden ist. […] Was bedeutet Ihr Werk gegenüber der Nation? […] Was bedeutet das alles, wenn Sie eines Tages statt Flugzeugen Nachttöpfe machen! Das ist doch einerlei.«[192]

Die Autokonzerne schalteten ab diesem Tag auf hundert Prozent Fertigung von Rüstungsgütern um. Dies war keine Umstellung von einer Fertigung von Kübelwagen anstelle von zivilen Pkw oder von Militärlastwagen anstelle von zivilen Pkw. Ab sofort wurden in den Autowerken so gut wie ausschließlich Panzer, Flugzeugmotoren und

---

191 Siehe oben in Programmpunkt 11 die Angaben zu den gewaltigen Leistungen im Bau neuer Eisenbahnstrecken in dieser Periode. Hinsichtlich der Verstaatlichungen gab es eine große Ausnahme: In den USA blieben die Eisenbahnen bis Mitte der 1970er Jahre privat. Das ist mit ein Grund, warum sich das Auto in den USA viel schneller durchsetzen konnte als in Europa und warum der Schienenpersonenverkehr in diesem Land mit dem einstmals größten Eisenbahnnetz der Welt auf einen Wert nahe Null reduziert werden konnte.

192 Nach: OMGUS, a. a. O., S. 150.

Munition produziert. Nach dem Krieg wurde erneut konvertiert, wobei dann nicht »Nachttöpfe«, sondern erneut zivile Pkw und Lkw gefertigt wurden.

Die Konversion der General-Motors-Produktion in China in den Zeiten der Corona-Krise | Im Dezember 2019 brach die Produktion der gesamten chinesischen Autoproduktion um mehr als 20 Prozent gegenüber dem Vorjahr ein. Dies erfolgte deutlich vor dem 7. Januar 2020, als die Weltöffentlichkeit erstmals über die Existenz eines neuartigen Corona-Virus informiert worden war. Mit der Ausbreitung der Corona-Epidemie reduzierte sich die Nachfrage nach GM-Autos um 90 Prozent. Die chinesische Führung forderte daraufhin den Autohersteller General Motors auf, in seinen Werken in China anstelle von Pkw … Nase-Mund-Masken zum Schutz vor dem Covid-19-Virus herzustellen. Gesagt, getan. Binnen weniger Tage gelang es GM, fast die gesamte Fertigung auf die Herstellung der Schutzmasken umzustellen. Ab Februar 2020 wurden täglich 1,7 Millionen Masken produziert.[193]

Bilanz | Eine umfassende Umstellung der Produktion der Autohersteller auf die Herstellung komplett anderer Produkte ist möglich. Dies wurde in der Wirtschaftsgeschichte eindrucksvoll belegt. Es spricht viel dafür, dass die Autokonzerne von sich aus nicht bereit sein werden, eine vergleichbare umfassende Konversion ihrer Produktionslinien zur Herstellung von Produkten, die für die Verkehrswende sinnvoll sind, vorzunehmen. Die Beschäftigung kann und sollte dabei steigen (siehe dazu auch den folgenden Abschnitt). Der VW-Diesel-Skandal zeigt darüber hinaus, dass in Deutschland auch in einem eklatanten Fall von Betrug und millionenfacher Gesundheitsschädigung auf VW kein relevanter Einfluss im Sinne des Gemeinwohls genommen wird. Die Forderung nach einer öffentlichen

193 Sam McCeachern: General Motors China Joint Venture Making Masks Amid Coronavirus Outbreak, Bericht vom 7. Februar 2020, www.gmauthority.com.

Kontrolle der Autokonzerne, die jüngst in den Reihen der SPD aufkam – wenn auch als Minderheitsposition –, ist vor diesem Hintergrund nachvollziehbar. Wenn Eigentümer nicht davon abgebracht werden können, andere mit ihrem Eigentum zu schädigen, muss in einem Rechtsstaat enteignet werden. Eine Enteignung von Produktionsmitteln ist in den beiden Grundgesetzartikeln 14 und 15 ausdrücklich als Möglichkeit vorgesehen – einschließlich der Regelung, dass die Höhe der Entschädigung in einem solchen Fall »unter gerechter Abwägung der Interessen der Allgemeinheit und der Beteiligten zu bestimmen« ist.[194]

194 Grundgesetz Artikel 14, Absatz 3.

Infobox 3

Elektromobilität beschleunigt den Klimawandel

Elektromobilität in der aktuell propagierten Form erhöht die CO_2-Emissionen aus den folgenden Gründen:

Ökologischer Rucksack | Beim Bau eines Elektroautos werden zwischen drei und acht Tonnen mehr CO_2 emittiert, als dies bei der Herstellung eines gleich großen Benzin- oder Diesel-Fahrzeugs der Fall ist. Die Ursache dafür ist vor allem die extrem energieintensive Herstellung der Batterie. Das Umweltbundesamt geht bei E-Pkw im Vergleich zu Pkw mit Verbrenner-Motoren von maximal 30 Prozent CO_2-Reduktion aus. Dabei wird der *gesamte* Lebenszyklus des Autos, Produktion und Entsorgung inbegriffen, betrachtet. VW nennt »50 Prozent, vorausgesetzt, man fährt mit Ökostrom«.[195] Es gibt jedoch weder heute noch in den nächsten zehn Jahren diesen 100-Prozent-Ökostrom. Womit auch VW von maximal 30 Prozent CO_2-Reduktion ausgeht.

Strom-Mix | Strom stammt auf absehbare Zeit zu einem erheblichen Teil aus fossilen Quellen. In Deutschland zu mehr als 35, in China zu 65, weltweit zu mehr als 60 Prozent. Elektro-Pkw haben zwar im Straßenverkehr keine CO_2-Emissionen. Es gibt diese jedoch dort, wo die Kraftwerke für den E-Pkw-Strom stehen. Wobei die von Peking, Brüssel und Berlin angepeilten Millionen Elektro-Pkw einen *Zubau von Stromkapazitäten*

---

195 Dies in: Arrive Edition [Magazin der Volkswagen AG] Nr. 1/2019. Der gewaltige Öko-Rucksack wurde 2017 auch in der »Schweden-Studie« (Swedish Environmental Research Institute – IVL) bestätigt. Unter massivem Druck legte das Institut 2019 eine neue Studie vor mit deutlich günstigeren Werten für »Elektromobilität«. Dabei wurde eine Batterieproduktion mit 100 % Ökostrom unterstellt – die es jedoch nirgendwo gibt.

notwendig machen. Damit wird auch die Nachfrage nach Kohlestrom neu belebt. Hinzu kommt: Elektromobilität ist ein Grund für die neue Offensive pro Atomstrom.

E-Pkw-Strom als Ökostrom konkurriert mit anderen Strom-Nutzungen | Mit viel Mühe und jahrelangem Aufbau von zwei neuen Branchen (Solarenergie und Windenergie) konnten bei Haushalten und Industrie die CO_2-Emissionen gemindert werden. Nun kommen die Auto-Bosse im E-Mobility-Hype daher und sagen: »Prima gemacht, gebt das mal her! Wir haben zwar selbst keine Einsparungen erzielt, aber eure Einsparungen können wir doch nehmen!« Der Energiehunger aller Autos zusammengenommen ist etwa so groß wie der Verbrauch aller bundesdeutschen Haushalte, selbst wenn man unterstellt, dass es möglich ist, E-Autos um 30 Prozent effizienter zu machen als herkömmliche Autos. Tatsächlich stößt der Ausbau von Windenergie vielerorts bereits an Grenzen. Für Solarenergie fehlt in unseren Breiten vor allem die Sonne. Die AKW sollen in zwei Jahren abgeschaltet werden (VW-Boss Diess sagt: »Nicht abschalten! Wir brauchen Atomstrom für Elektromobilität!«). Zweifellos ist der Ausbau der regenerativen Energiequellen noch nicht abgeschlossen. Aber es gibt weitere Bereiche, die einen berechtigten Anspruch auf diese Energiequellen haben. In Industrie und Handwerk bringen viele Bereiche weitere Einsparmaßnahmen nur noch wenig an zusätzlicher Reduktion. Die Prozesse sind kurz vor dem energetischen Optimum. Manche Produkte bräuchte man vielleicht gar nicht. Doch Medikamente, Schienenfahrzeuge und manches andere wird definitiv noch benötigt. Im Bereich der Haushalte ist es die Wärmeerzeugung, die nicht einfach abgestellt werden kann. Zusätzliche Maßnahmen in der Gebäudeisolation können viel helfen, aber für viele Häuser bleibt dennoch die Notwendigkeit bestehen zu heizen. Heizungen werden derzeit noch ganz überwiegend mit Gas oder Öl betrieben. Wenn es zu einer Wärmewende kommt, werden auch hier regenerative Energiequellen benötigt. Da würde es dann heißen: »Tut uns leid, die zugehörige Energie wurde schon an die Autos vergeben.« Umgekehrt würde man es zu Recht als empörend empfinden, wenn die Wohnungswirtschaft sich als emissionsfrei erklären würde, indem man einfach alle Emissionen des Verkehrssektors für sich beanspruchte. Das Konzept von flächendeckendem E-Auto-Verkehr beinhaltet die weitgehende Vereinnahmung von Lösungen, die im Energiesektor erarbeitet wurden oder noch erarbeitet werden müssen. Der Kampf von Baumbesetzern im Hambacher Forst würde ungewollt erlauben, dass in Städten mit gut ausgebautem Nahverkehr weiter mit dem Auto gefahren wird.

E-Autos als Zweitwagen (Rebound- oder Bumerang-Effekt I) | Die technischen Parameter von Elektroautos (geringe Reichweite, lange Ladedauer, hoher Preis) führen dazu, dass mehr als die Hälfte aller E-Pkw Zweit- (und Dritt-)Wagen sind. Sie tragen zum Wachstum und nicht zum Abbau der Gesamt-Pkw-Zahl bei.

E-Pkw schwächt den Umweltverbund (Rebound-Effekt II) | E-Auto-Fahrende waren vor dem E-Pkw-Kauf oft als Radfahrer und im ÖPNV unterwegs. »E-Mobilität« schwächt ausgerechnet den nichtmotorisierten Verkehr und den ÖPNV.

Indem E-Pkw als »emissionsfrei« deklariert werden, ermöglichen sie der Autoindustrie, die Fortsetzung ihrer SUV-Offensive (Rebound-Effekt III) | Alle E-Pkw sind nach EU-Recht »zero-emission vehicles«, also Fahrzeuge ohne jegliche Kohlendioxid-Emissionen. Im Rahmen komplexer Detailregelungen wird damit den Autoherstellern ermöglicht, weiterhin SUVs und herkömmliche Pkw mit hohen Emissionswerten auf den Markt zu bringen. Die Batterieautos, die ja angeblich keine Emissionen haben, werden dann gegen die Pkw mit hohen Schadstoffwerten gegengerechnet. (»Regulatorischer Rebound«). Entsprechend haben 2019 BMW, VW und Opel ihre Modellpolitik deutlich stärker in Richtung SUV ausgerichtet.

Rechenfehler | Bei »Elektromobilität« wird meist argumentiert, dass der *Anteil* der E-Autos (bei den Zulassungen) erhöht werden müsse. Entscheidend ist jedoch die *absolute* Zahl der Autos. Konkret: 2019 wurden in Deutschland 63.281 Elektro-Pkw neu zugelassen. Der *Anteil* der E-Pkw bei den Neuzulassungen hat sich gegenüber 2018 verdoppelt – auf 1,8 Prozent. Tatsächlich erhöhte sich 2019 der Pkw-Bestand netto (die Abmeldungen gegengerechnet) um mehr als 1,2 Millionen. Damit stiegen die Kohlendioxid-Emissionen von Verbrenner-Pkw und E-Pkw addiert deutlich. Das sieht in China und auf internationaler Ebene vergleichbar fatal aus. Mit »E-Mobilität« werden die Zahl der Autos insgesamt und sogar die Zahl der herkömmlichen Benzin- und Diesel-Pkw weiter gesteigert. »e-mobility« ist ein Alibi für die Fortsetzung einer insgesamt zerstörerischen Politik.

Neue Abhängigkeit von knappen Rohstoffen | In der Autogesellschaft der Zukunft bleibt es bei der Abhängigkeit vom endlichen Rohstoff Öl; ja, diese wird durch die von Jahr zu Jahr wachsende Gesamtzahl an Autos noch gesteigert. Diese Öl-Abhängigkeit wird mit »E-Mobilität« *ergänzt* um die Abhängigkeit von anderen endlichen Rohstoffen: von Kupfer, Lithium, Kobalt und verschiedenen Seltenen Erden. »E-Mobility«

basiert – wie die »oil-mobility« – darauf, dass die motorisierte Mobilität des reicheren Teils der Menschheit ermöglicht wird mit knappen Rohstoffen, die im ärmeren Teil des Planeten oft unter unvorstellbar menschenunwürdigen Bedingungen, zugleich verbunden mit gewaltigen Umweltzerstörungen, abgebaut werden. Die klassischen Öl-Kriege werden erweitert um Kobalt-Militäreinsätze und Lithium-Kriege etc.

Bleibende Systemnachteile | Auch wenn alle Autos E-Pkw wären, so bliebe es bei einer Pkw-*Durchschnittsgeschwindigkeit* von 15 km/h und beim Dauerstau. Auch wenn alle 950 Millionen Pkw auf dem Planeten Erde Elektroautos wären, bliebe es weltweit bei 1,2 Millionen *Straßenverkehrstoten* und mehr als 50 Millionen Schwerverletzten im Jahr. Auch wenn in allen Großstädten die Verbrenner-Pkw durch Elektro-Pkw ersetzt werden würden, bliebe es bei einem *Flächenverbrauch* dieser Blechlawine, der mindestens fünf Mal so groß ist wie im Fall einer Verkehrsorganisation, in der Fußwege, Radfahren und der ÖPNV im Zentrum stehen. Autoverkehr gleich welcher Art beansprucht riesige und immer größere Flächen, die faktisch für Spielplätze, Straßen-Cafés, Grünanlagen, Büsche und Bäume fehlen.

Eine detailliertere Kritik der Elektromobilität muss zusätzlich die spezifischen Gefahren, die bei E-Pkw-Unfällen auftreten (Brände der Lithium-Ionen-Batterien!), und das nicht gelöste Problem des Recyclings der E-Pkw-Batterien berücksichtigen.

Bilanz | Elektromobilität bringt in der Summe ein Plus an CO_2-Emissionen. Sie wirkt begleitend bei der fortgesetzten Vergrößerung der Weltautoflotte. Erneut gilt bei E-Pkw das – bereits bei den Verbrenner-Pkw praktizierte – fatale Prinzip: Die einigermaßen luxuriöse Mobilität in den OECD-Staaten wird durch Raubbau und Umweltzerstörung in der »Dritten Welt« ermöglicht. Hinzu kommt, dass die Systemnachteile, die mit einem Auto immer verbunden sind, bestehen bleiben. Es gibt die behauptete Alternative Elektromobilität nicht. Es handelt sich hier vielmehr um eine Mogelpackung, mit der die fatale Konzentration auf das Auto nochmals gesteigert werden soll.

III.
DIE VERKEHRSWENDE DURCHSETZEN

Schluss und Kurzfassung des Manifests

Zu teuer, Arbeitsplatzverlust, keine Mehrheiten?

Mit klaren Argumenten für die Verkehrswende

»Nicht finanzierbar, Arbeitsplatzverlust in der Autobranche, keine Mehrheit«: Klingt einleuchtend, stimmt aber nicht. Gegen ein Verkehrswendeprogramm werden in der Regel drei Argumente vorgebracht, mit denen die Diskussion schnell abgewürgt werden soll. Das Programm sei zu teuer. Es drohe der Verlust von hunderttausenden Arbeitsplätzen. Es würde keine Mehrheit für radikale Eingriffe geben. Diese Argumente können widerlegt werden.

Arbeitsplätze

Weltweit gibt es derzeit rund zehn Millionen Stellen in der Autoindustrie.[196] Das entspricht weniger als einem Prozent aller Arbeitsplätze in der Weltwirtschaft. Das sind rund fünf Prozent aller Arbeitsplätze in der Weltindustrie. Das Autoland Deutschland hatte Ende 2019 noch 820.000 Autoindustrie-Arbeitsplätze, einheimische Zuliefererbetriebe schon eingeschlossen. Bei einer weitgefassten Definition dessen, was als Autozulieferer zu verstehen ist, sind es gut

196 Die internationale Autolobby-Struktur Organisation Internationale des Constructeurs d'Automobiles (OICA), die sicher nicht untertreibt, schreibt über die Weltautoindustrie auf ihrer offiziellen Website: »Building sixty-six million vehicles requires the employment of more than eight million people directly in making the vehicles and the parts that go into them. This is over five percent of the world's total manufacturing employment.«

eine Million Vollzeitstellen in der gesamten Autobranche.[197] Das wiederum entspricht 15 Prozent der Industriearbeitsplätze und 2,5 bis 2,8 Prozent aller sozialversicherungspflichtigen Arbeitsplätze. Die vielfach vorgetragene Behauptung, in Deutschland sei »jeder siebte Arbeitsplatz vom Auto abhängig«, ist unzutreffend.[198]

In der EU machen die rund 2,2 Millionen Arbeitsplätze in der Autoindustrie nur einen Bruchteil der rund 150 Millionen Jobs von Lohnabhängigen aus. Bereits in den letzten 25 Jahren kam es in Italien, Frankreich, Großbritannien, Schweden, Spanien und Österreich zu einem drastischen Abbau der Zahl der Autoarbeitsplätze. Komplette Hersteller und Automarken sind untergegangen (Leyland, Simca/Talbot, Rover, DAF, Saab, Zastava). Bei anderen wurden die Produktion radikal reduziert und ganze Werke geschlossen (Alfa Romeo, Opel/Vauxhall, Volvo, Lada). Es gab damals für die Betroffenen keine Unterstützung. Die deutsche Autobranche profitierte vom Niedergang der britischen, französischen, italienischen und schwedischen Autoindustrie und vom Rückgang der Autofertigungen anderswo.

In den Debatten über einen drohenden Verlust von Arbeitsplätzen in der Autobranche wird meist eine unterschiedliche *Wertigkeit*

---

197 Laut Statistischem Bundesamt waren es Anfang 2020 828.000 – »Produktion und Zulieferer«: Im »Bericht des Ausschusses für Bildung, Forschung und Technikfolgeabschätzung« des Bundestags zur »Zukunft der Autoindustrie« (Bundestagsdrucksache 17/13672) von 2015 werden genannt »719.000 Beschäftigte« und zwar für »Automobilindustrie und ihre Zulieferfirmen«. Im Anschluss wird ergänzend festgestellt: »Allerdings werden in diesen Statistiken nur die Automobilzuliefererfirmen erfasst, die in der Klassifikation als »Hersteller von Teilen und Zubehör für Kraftwagen und deren Motoren« gemeldet sind.« Es seien auch in anderen Bereichen »viele Betriebe gelistet, die ebenso als Autozulieferer tätig sind. Schätzungen des Fraunhofer Instituts […] zeigen, dass […] über alle Vorleistungsstufen etwa 990.000 Beschäftigte in der Automobilzulieferung tätig sind.«

198 »Das RWI hat 2000 errechnet, dass ein Beschäftigter 1,4 Arbeitsplätze zusätzlich schafft. ›Das ergibt insgesamt 1,76 Millionen Beschäftigte, die von der Nachfrage nach Autos abhängen‹, sagt Michael Rothgang vom RWI. Nach dieser weiterhin gültigen Rechnung sei jeder 20. Arbeitsplatz autoabhängig.« Siehe Der Spiegel vom 20. Mai 2009.

von Branchen und Berufen unterstellt. Arbeitsplätze in der Autobranche gelten in einem solchen Diskurs als in hohem Maß verteidigungswert. Andere Beschäftigungen werden sogar als Sparpotenzial betrachtet. Beispielsweise gibt es in Deutschland mit 1,8 Millionen Stellen in den Bereichen Kindergarten, Schulen und Hochschulen mehr als doppelt so viele Arbeitsplätze wie in der Autobranche.[199] Laut der Gewerkschaft Erziehung und Wissenschaft (GEW) bräuchten wir gut 50 Prozent mehr solche Arbeitsplätze, um auf diesem wichtigen Gebiet (Stichwort: »Die Kinder sind unsere Zukunft!«) endlich das Niveau der skandinavischen Länder zu erreichen. Allein dieses erforderliche Plus ist größer als alle Autoarbeitsplätze.[200]

Generell ist die Autoindustrie derjenige Industriezweig, der sich am besten für eine weitgehend automatisierte Fertigung eignet. Deshalb blieb in Deutschland die Beschäftigtenzahl im Fahrzeugbau seit einem halben Jahrhundert weitgehend konstant. Gleichzeitig hat sich der Output verdoppelt und die Wertschöpfung verdreifacht. Diese Rationalisierung wird sich in Zukunft verstärken. Hinzu kommt die Tendenz der Verlagerung von Arbeitsplätzen in Regionen mit niedrigerem Lohnniveau und auf den Automarkt Nr. 1, nach *China.* Allein vor diesem Hintergrund dürfte es zukünftig hierzulande (und im übrigen Westeuropa) einen deutlichen Abbau von Autoarbeitsplätzen geben. Die siechende Autostadt Detroit weist die Perspektive. Die Autostadt Bochum ist bereits Vergangenheit. Eine Autostadt Rüsselsheim könnte es nach der Übernahme von Opel durch PSA und dem Zusammengehen von PSA mit Fiat in Bälde nicht mehr geben. Auch in den Autostädten Wolfsburg und Stuttgart wird nicht alles bleiben, wie es ist: Seit 2018 ist die Weltautoproduktion rück-

---

199 Es sind rund 480.000 Jobs im Bereich Pädagogisches Personal in den Kindertageseinrichtungen, 670.000 Lehrkräfte in den Schulen und 640.000 Beschäftigte an den Hochschulen. Angaben nach: Statistisches Jahrbuch 2016.

200 Selbst in der Tourismusbranche in Deutschland arbeiten heute mit 2,9 Millionen Menschen drei Mal mehr als in der Autoindustrie, allerdings auf meist lausigem Lohnniveau. Wobei die Wertschöpfung im Tourismus (mit 280 Milliarden Euro 2016) erheblich ist.

läufig. 2018/19 lag das Zweijahresminus bereits bei gut acht Prozent. In Deutschland sogar bei rund 15 Prozent. 2020 beschleunigt sich der Rückgang; die Corona-Epidemie wirkt in der allgemeinen neuen Branchenkrise als Katalysator.[201] Sollten die – für eine sinnvolle Klimapolitik kontraproduktiven – Zielsetzungen in Richtung »Elektromobilität« umgesetzt werden, werden die Autoproduktion in größeren Teilen deutlich vereinfacht und Rationalisierung und Arbeitsplatzabbau nochmals beschleunigt.

Demgegenüber ist das Verkehrswendeprogramm eine Chance. Mit ihm können neue Arbeitsplätze geschaffen werden. Das gilt auch für den industriellen Sektor. So wurden in der Bahntechnik in Europa seit 1990 mehr als 150.000 Jobs abgebaut, in Deutschland rund 50.000. Eine Verkehrswendepolitik wird die Nachfrage nach Schienenfahrzeugen, Eisenbahntechnik und Bussen erheblich steigern.[202] Im Bahnbereich wurden, wie in Programpunkt 18 beschrieben, knapp 200.000 Arbeitsplätze abgebaut. Eine Flächenbahn wie in den Programmpunkten 9, 10 und 11 skizziert, bewirkt den Wiederaufbau dieser Arbeitsplätze. Die Fahrradbranche, die es vor 30 Jahren in Deutschland faktisch nicht mehr gab, ist heute ein Wirtschaftsfaktor mit mehr als 250.000 Vollzeit-Jobs.[203] Die Verdreifachung der Fahrradwege, die

---

201 Siehe ausführlich: Quartalslüge I/MMXX, in: Lunapark21, Heft 49, S. 4f.

202 In der IG Metall wurde seit 2005 ein Branchenausschuss Bahntechnik eingerichtet. Johannes Hauber, damals und bis 2015 Betriebsratsvorsitzender bei Bombardier Transportation, war dabei eine treibende Kraft. Damit wurde den Interessen der mehr als 50.000 Beschäftigten in der Bahntechnik Rechnung getragen (und die fatale Gleichsetzung IG Metall = Autogewerkschaft relativiert). Inzwischen spielt dieser Branchenausschuss kaum mehr eine Rolle. Dabei wäre dies gerade aktuell wichtig, da 2020 mit dem Zusammenschluss von Alstom und Bombardier ein neuer Arbeitsplatzabbau droht.

203 »Bundesweit erzielt die Radbranche einen Umsatz von 16 Milliarden Euro und beschäftigt etwa 278.000 Vollzeit-Mitarbeiter. 72 Millionen Fahrräder werden deutschlandweit gezählt. Im Jahr 2014 wurden allein in Deutschland 2,14 Millionen Fahrräder produziert. Diese und weitere Zahlen sind Ergebnisse des Kurzgutachtens ›Daten zur Fahrradwirtschaft in Baden-Württemberg‹ im Rahmen der RadSTRATEGIE der Landesregierung Baden-Württemberg.« Siehe: www.200jahre-fahrrad.de.

hier vorgeschlagen wird, steigert die Zahl der in diesem Bereich Aktiven deutlich. Nach Angaben des Umweltbundesamts arbeiten bereits heute mehr als 2,2 Millionen Menschen im Umweltbereich. Vor zwei Jahrzehnten war es weniger als die Hälfte.[204] Allein dieser Zuwachs an Arbeitsplätzen in den verschiedenen Verkehrswendebereichen ist wesentlich größer als die Zahl aller bisher vorhandenen Autoarbeitsplätze. Wobei die Fertigung in der Autobranche, umfassend konvertiert, auf die Produkte der Verkehrswende umzustellen ist.

Bilanz | Das Argument der bedrohten Autoarbeitsplätze ist ernst. Doch eine Politik der Verkehrswende ist eher geeignet, die Beschäftigung insgesamt zu sichern, als eine Politik des »Weiter so« oder eine Politik, die auf Elektroautos orientiert.

Kosten der Verkehrswende

Der öffentliche Verkehr ist auch heute in einer gesamtgesellschaftlichen Rechnung wesentlich preiswerter als der Autoverkehr. Der motorisierte Individualverkehr ist mit extrem hohen »externen Kosten« verbunden – Kosten, die auch heute bereits real auftauchen: bei den Kranken- und Rentenkassen (wegen gesundheitlicher Schäden und Frühverrentungen) oder in den städtischen Haushalten (für Straßenbau- und -erhalt, für Parkhäuser und Stellplätze). Und natürlich gibt es die enormen Kosten für Umweltzerstörung und Klimabelastung, die einerseits im Detail schwer berechenbar sind, für die es jedoch inzwischen viele Abschätzungen gibt (siehe die Angaben in Tabelle 6, 9a).

Generell gilt: Das Geld, das eine Autogesellschaft (unabhängig von der Herstellung von herkömmlichen oder von Elektroautos) ausgibt, ist Geld für eine kapitalintensive Produktion: viel Geld wird eingesetzt, um viel Kapital zu binden und relativ wenige Menschen zu beschäftigen und um gleichzeitig das Klima enorm zu belasten. Die skizzierte alternative Transportorganisation würde in erster Linie

204 www.umweltbundesamt.de/daten/umwelt-wirtschaft/beschaeftigung-umweltschutz.

Geld einsetzen, das (bislang bereits) für Mobilität und Transport ausgegeben wird. Man würde für dasselbe Geld deutlich weniger Kapital binden, Millionen Menschen mehr beschäftigen und vor allem einen unschätzbar großen, positiven Beitrag zur Entlastung der Klimabilanz leisten.

Tabelle 6 stellt die Einsparungen im Fall der Rückführung der Autogesellschaft den Ausgaben für ein solches Verkehrswendeprogramm in einer groben Abschätzung gegenüber.

Tab. 6: Kosten und Subventionen der bestehenden Verkehrsorganisation und Kosten bzw. Finanzierung des Verkehrswendeprogramms (10-Jahres-Berechnungen), in Milliarden Euro 2022 – 2031[205]

---

205 Quellen für einzelne Positionen: Position 1a und 2a: Siehe die DIW-Studie 2017 und Kapitel 2, Fußnote 2. Es handelt um die Ausgaben 2013. Sie liegen 2020 deutlich höher. // Position 9a: Umweltbundesamt, Gesellschaftliche Kosten von Umweltbelastungen, 10. Februar 2017 // Position 10a: Bundesanstalt für Straßenwesen: Volkswirtschaftliche Kosten von Straßenverkehrsunfällen in Deutschland vom 19. April 2017; Zahl der Verletzten nach Destatis // Position 11a: Angaben nach: Umweltbundesamt 2018; siehe Kapitel 14 // Position 12a: Entfallende Kosten von aufzugebenden Großprojekten; im Fall Stuttgart 21 (= 5-7 Mrd. Euro), Fehmarnbelt (1 Mrd. Euro), Fernbahntunnel Frankfurt/M. (4 Mrd. Euro), Zweite S-Bahn-Stammstrecke München (5,2 Mrd. Euro); Elbvertiefung Hamburg (0,8 Mrd. Euro) // Position 7b: Siehe Angaben in Kapitel 18 // Position 8b: Noch ohne die entfallenden Kosten für entfallende Ticket-Automaten und Schwarzfahrerjagd // Position 10b: Umweltbundesamt 2010; umgerechnet nach Fahrzeugtypen etc. im Wettbewerber-Report 2017/18, Mofair, NEE und VPI.

* Bei den in der Tabelle mit [*] gekennzeichneten Positionen wurde jeweils ca. die Hälfte des 10-Jahres-Betrags unterstellt, da in dem Maß, wie die Verkehrswende realisiert wird, diese zerstörerischen Verkehrsarten und deren (z. T. extern) Kosten zurückgeführt werden. Wir stützen uns bei den Angaben zu den externen Kosten (Umwelt- und Klimakosten) auf Ausarbeitungen v. a. des Umweltbundesamtes. (Zugkraft für den Verkehrssektor. Wettbewerber-Report Eisenbahn 2017/18, Langfassung, Oktober 2017, S. 47) Die einzelnen Beträge sind natürlich oft Schätzwerte. Dennoch, wie in vielen Fällen dokumentiert, durchaus untersetzt durch Studien. Generell handelt es sich um eine konservative Rechnung; eine Reihe von Kosten der aktuellen Verkehrsorganisation wurden eher unterschätzt und die Kosten der Verkehrswende sind teilweise eher hoch angesetzt.

A	1	2	3	4	5	6	B
Kosten & Subventionen bestehende Verkehrsorganisation				**Kosten der Verkehrswende-Programmpunkte**			
	Art der bestehenden und einzusparenden Kosten	eingesparte Kosten durch sukzessive Abkehr vom Auto		Kosten der Verkehrswende		Art der Verkehrswendekosten	
		p. a.	10 Jahre	p. a.	10 Jahre		
1a	Straßenbau u. -unterhalt (Bund + Länder)	7,2	36*	15,0	150	Ausbau Schienennetz 5 000 km / 30 Mio. Euro je km	1b
2a	Straßenbau & -unterhalt Kommunen	8,6	43*	6,0	60	Elektrifizierung 10 000 km / 6 Mio. Euro je km	2b
3a	Geschäftswagen-Subventionen	3,1	15*	1,0	10	Programm zu Rettung und Ausbau der Bahnhöfe	3b
4a	Dieselprivileg	7,4	37*	3,0	30	Strukturpolitik kurze Wege	4b
5a	MwSt.-Flugverkehr	4,8	24*	1,5	15	Radwegeausbau	5b
6a	Kerosin-Steuerbefreiung	7,1	35*	7,0	70	Ausbau ÖPNV-Netze	6b
7a	Flughafen-Subventionen	1,0	10	3,5	35	Höhere Bezahlung der ÖPNV-Beschäftigten u. mehr ÖPNV-Beschäftigte	7b
8a	E-Auto-Subventionen (inkl. Infrastruktur)	1,0	10	20,0	200	Finanzierung Öffi-Nulltarif	8b
9a	Aktuell jährl. externe (Umwelt-)Kosten	47,0	235*	1,0	10	Nachtzugnetz	9b
10a	Aktuell jährl. Unfallkosten	34,3	150*	5,5	55	Umweltkosten Schiene	10b
11a	Externe Kosten Flugverkehr	5,7	28*	0,2	2	Unfallkosten	11b
12a	Großprojekte	2,0	20	0,5	5	Öffentlichkeitsarbeit	12b
13a	Summen	129,2	643	64,2	642	Summen	13b

Die Gesamtbilanz zeigt: Die Verkehrswende finanziert sich in erster Linie durch Umschichtungen von Geldern, die ohnehin im Verkehrssektor ausgegeben werden. Die Einsparungen bei einem Zurückfahren der zerstörerischen aktuellen Verkehrsorganisation entsprechen weitgehend den Ausgaben für den Aufbau der Alternative. Im Übrigen würde ein solches Verkehrswendeprogramm ein enormes Konjunkturprogramm darstellen – aber keines, das zerstörerisches Wachstum beschleunigt, sondern vor allem eines, das in massive CO_2-Reduktionen mündet. Das letztere ist in Zeiten der Klimakrise eine gute Botschaft. Das erstere ist ein wichtiger Beitrag, in Zeiten der neuen Wirtschaftskrise dem Beschäftigungsrückgang entgegenzuwirken.

Bilanz | Eine Verkehrswendepolitik könnte im Großen und Ganzen durch Umverteilung von Geldern, die im Verkehrsbereich ausgegeben bzw. die hier an Subventionen gewährt werden, bezahlt werden. Man könnte sie mehr oder weniger zum Nulltarif bekommen. Umgekehrt gilt: Die Autogesellschaft kommt die Gesellschaft allein deshalb teuer zu stehen, weil damit zumindest im nächsten Jahrzehnt die Emissionen, die das Klima belasten, weiter gesteigert werden.

Verkehrswende und Mehrheiten

Immer dann, wenn *konkrete* Projekte für eine Verkehrswende entwickelt und wenn für diese medial durchdacht geworben wird, lassen sich für eine solche Politik Mehrheiten gewinnen. Die Besorgnis über den Klimawandel ist in der Bevölkerung in den letzten drei Jahren drastisch angestiegen.[206]

206 2017 erklärten 37 % der Bevölkerung in einer repräsentativen Umfrage, dass ihnen der Klimawandel »große Sorgen« bereiten würde. 2018 waren es 51 % und 2019 61 %. Basis: Allensbach; Ifo. Wiedergegeben in: Umfrage zu Mobilität: Bürger wünschen passende Lösungen für Stadt und Land – und mehr Klimaschutz, Berlin 6. Mai 2019; Deutsche Akademie der Technikwissenschaften (acatech.de).

Das zeigt sich auch auf der Ebene konkreter Projekte. So gibt es, wie beschrieben, seit Mitte der 1970er Jahre in Deutschland, entgegen den wütenden Reaktionen von Autolobby und Verkehrsministern, Mehrheiten für ein Tempolimit. Als der SPD-Parteitag im Oktober 2007 in Hamburg ein Tempolimit von 130 km/h für Autobahnen beschloss, gab es heftige Proteste bei den damaligen Parteirechten (mit Peter Struck als Fraktionsvorsitzendem) und den damaligen Parteilinken (mit Andrea Nahles als Vorsitzender des Forums Demokratische Linke 21). Damals hieß es, das sei »nicht durchsetzbar«. Gemeint war: nicht durchsetzbar gegenüber der Autoindustrie und ihrer Lobby in Parlament und Regierung. In der Bevölkerung gab es immer Mehrheiten für ein Tempolimit. Im März 2020 legte das Umweltbundesamt neue Berechnungen vor, wonach bereits durch die Einführung eines generellen Tempolimits von 120 km/h auf Bundesautobahnen die Emissionen um jährlich 2,6 Millionen Tonnen CO_2-Äquivalente – das entspricht 6,6 Prozent der CO_2-Emissionen des Straßenverkehrs – reduziert werden würden. Ergänzt um die in Programmpunkt 1 genannten Reduktionen der bisher gültigen Maximalgeschwindigkeiten würde allein diese Maßnahme zu einer Minderung der Klimabelastung durch den Kfz-Verkehr von mehr als 10 Prozent beitragen.[207]

Auch auf kommunaler Ebene gibt es fast immer dann Mehrheiten für eine Einschränkung des Autoverkehrs, wenn Alternativen geboten werden und wenn das eigene Wohnumfeld und das Wohl von Menschen im Zentrum stehen. Das gilt auch für weitreichende Projekte wie autofreie Quartiere. Im Zeitraum Herbst 2019 und bis Februar 2020 – insgesamt fünf Monate lang – war das Kerngebiet des Hamburger Stadtteils Ottensen weitgehend autofrei. Dagegen gab es lautstarke Proteste und ein zeitweilig erfolgreiches Vorgehen vor Gericht. Im Januar und Februar 2020 untersuchte ein Team der TU Hamburg die Auswirkungen und führte eine repräsentative Befragung durch. Das Ergebnis: Eine deutliche Mehrheit im Bezirk

207 Umweltbundesamt vom 5. März 2020.

stimmte für die Beibehaltung des Projekts. Selbst *Bild* (Hamburg) formulierte: »Die erste autofreie Zone war Ende Januar vom Verwaltungsgericht gekippt worden. Doch in einer Umfrage hatten 83 Prozent der Anwohner für das Projekt gestimmt.«[208]

Bilanz | Für eine langfristig orientierte Politik der Verkehrswende, verbunden mit einer guten Öffentlichkeitsarbeit, können in der Bevölkerung Mehrheiten mobilisiert werden. Dies zeigen die direkt oben genannten Beispiele, aber auch Beispiele wie Kopenhagen und Münster. Dies verdeutlicht auch die Verkehrsrealität in Wien. Über zehn Jahre Wiener Verkehrswendepolitik mit dem 365-Euro-Öffi-Jahres-Ticket im Zentrum führte dazu, dass der Anteil des öffentlichen Verkehrs kontinuierlich steigt und Pkw-Verkehr und -Besitz rückläufig sind.[209] Hierfür gibt es nicht nur eine breite Zustimmung in der Bevölkerung. Wien gilt europaweit als vorbildliche Öffi-Stadt, so wie Kopenhagen, Amsterdam und Münster – und einige andere Städte – Vorzeigestädte fürs Fahrradfahren geworden sind.

Der Ausstieg aus dem Autowahn und die Umsetzung einer Verkehrswendepolitik ist aus Sicht der Menschen, der Natur, der Umwelt und der Volkswirtschaft enorm vorteilhaft. Zur Vermeidung eines irreversiblen Klimawandels ist sie unumgänglich. Die 20 Punkte zur Verkehrswende zeigen nicht nur, dass es möglich ist.

---

208 Bild (Hamburg) vom 22. Februar 2020. In einer Zusammenfassung im Hamburger Abendblatt heißt es: »Befragt wurden insgesamt 6800 Anwohner. 1779 der Befragten (27,8 %) machten mit, laut Philine Gaffron [der Leiterin des TU-Hamburg-Teams; d. Verf.] eine ›sehr gute Rücklaufquote‹.«

209 Pressemitteilung des VCÖ vom 7. November 2017: »Bereits 760.000 Personen haben eine Öffi-Jahreskarte für Wien. Damit gibt es in Wien deutlich mehr Öffi-Jahreskarten als Pkw. […] Vor zehn Jahren gab es in Wien noch doppelt so viele Autos wie Jahreskarten für den Öffentlichen Verkehr. […] Mit 760.000 haben die Jahreskarten die Pkw (697.000) bereits deutlich überholt. Damit sticht Wien unter den EU-Hauptstädten hervor.« (VCÖ: In Wien deutlich mehr Öffi-Jahreskarten als Pkw, www.vcoe.at.)

Sie beschreiben auch, wie konkret vorgegangen werden muss. Sie verdeutlichen: Eine Verkehrswende kostet eher wenig Geld – sie erfordert unser aller Engagement.

Wann, wenn nicht jetzt? Wer, wenn nicht wir?

Kurzfassung des Manifests

Eine Mobilität mit dem Auto im Zentrum ist zerstörerisch und eine Sackgasse. Das gilt auch für die Orientierung auf Elektroautos. Diese bestehende Verkehrsorganisation einschließlich der »Elektromobilität« trägt stark zu massenhaftem Tod, zu Umweltzerstörung, Abbau von Stadt- und Lebensqualität und zur Klimaerwärmung bei. Nur ein konsequenter Umbau dieser Verkehrsorganisation mit den »3-V-Zielsetzungen« *Verkehr VERMEIDEN, Verkehrswege VERKÜRZEN und verbleibende Verkehre VERLAGERN* wird dem Schutz der Umwelt, dem Gebot der Nachhaltigkeit und dem Respekt vor der Menschenwürde gerecht. Die 20 Programmpunkte dieses Manifests sind geeignet, eine solche konsequente Verkehrswende umzusetzen. Sie lauten zusammengefasst wie folgt:

1. Ein Tempolimit rettet Leben und bringt Entschleunigung. In Deutschland sollten 120 km/h auf Autobahnen, 80 km/h auf den übrigen Fernstraßen und 30 km/h in Wohngebieten als Maximalgeschwindigkeiten gelten.
2. Die Verkehrsmarktordnung muss vom Kopf auf die Füße gestellt werden. Zufußgehen, Radfahren, Bahn und ÖPNV müssen begünstigt werden gegenüber Auto, Flugzeug und Hochsee- bzw. Kreuzfahrtschifffahrt.
3. Notwendig ist eine systematische Strukturpolitik der kurzen Wege. Schluss mit Entfernungspauschale und Zersiedelung. Bestehende Dorfläden sind zu fördern und tausende neu zu gründen; Bahnhöfe sind zu erhalten und hunderte zu reaktivieren.

4. Der Fußgängerverkehr muss neu entdeckt und gefördert werden, auch als Beitrag zur gesteigerten Lebensqualität. Fußverkehr bringt wegen seines geringen Flächenbedarfs unter den individuellen Verkehrsarten die höchste Mengenleistung.
5. Fahrradverkehr verdreifachen. Vorbildstädten nacheifern. Radwege, Radfahrstreifen und Schutzstreifen bauen, viele neue Fahrradstraßen ausweisen und die Innenstädte autofrei machen.
6. Den Öffentlichen Personennahverkehr stärken und ausbauen, in bisher schlecht versorgten Regionen um 30 bis 50 Prozent. Dutzende neue Straßenbahnsysteme sind zu entwickeln – jeglicher Neubau von U-Bahn-Strecken ist zu stoppen.
7. Der Nahverkehr mit öffentlichen Verkehrsmitteln ist nachhaltige Mobilität und damit Gemeingut; er wird von der Allgemeinheit finanziert und steht den Bürgerinnen und Bürger zum Nulltarif zur Verfügung.
8. Benötigt wird eine integrierte Eisenbahn in öffentlichem Eigentum, die dem Gemeinwohl verpflichtet ist. Das Rad-Schiene-System bildet dabei eine Einheit. Notwendig ist ein Fernverkehrsgesetz für eine Flächenbahn, wie im Grundgesetz gefordert.
9. Wiederaufbau des Schienennetzes in seiner alten Quantität, Qualität und Flexibilität. Das heißt: Ein um gut ein Drittel größeres Schienennetz, mehr als doppelt so viele Weichen und Ausweichgleise wie derzeit und eine Grundsanierung vieler Strecken.
10. Eine Eisenbahn als Flächenbahn heißt heute: ein bundesweiter integraler Taktfahrplan. Dabei dürfen unter dem Label »Deutschland-Takt« nicht neue Höchstgeschwindigkeitsstrecken gebaut und die zerstörerischen Großprojekte fortgesetzt werden. Stopp von Stuttgart 21, in Hamburg-Altona keine Verlagerung nach Diebsteich, in Frankfurt/M. kein Tunnelbahnhof Frankfurt 21 light.
11. Das Schienennetz muss bis 2035 auf Basis erneuerbarer Energien zu 100 Prozent elektrisch betrieben werden. Beim derzeitigen Tempo dauert eine Elektrifizierung noch rund 175 Jahre. Baldmöglichste Fahrverbote für Dieselfahrzeuge auch im Schienenverkehr.

12. Bei der notwendigen Reform der Bahnpreise muss das allgemeingültige Ticket wieder im Zentrum stehen. Die Normalfahrpreise müssen deutlich sinken. BahnCard 50 und BahnCard 100 müssen so erschwinglich sein, dass sich ihre Zahl mehr als verzehnfacht.
13. Der Nachtzugverkehr wird neu aufgenommen und europaweit ausgebaut. Mit einem europaweiten Nachtzugnetz kann ein großer Teil des innereuropäischen Flugverkehrs auf die Schiene verlagert werden.
14. Der enorm das Klima schädigende Flugverkehr wird durch Vermeiden, Verteuern und Verlagern auf die Schiene drastisch reduziert: Kerosin besteuern, Flugverkehrsabgabe, Stopp von Subventionen und Sozialdumping bei Airlines und Airports.
15. Auch bei der Mobilität im ländlichen Raum muss die Gleichwertigkeit der Lebensverhältnisse verwirklicht werden. Das erfordert einen großzügigen Ausbau des öffentlichen Verkehrs in der Fläche bei gleichzeitiger finanzieller Entlastung der Kommunen.
16. Der Güterverkehr wird drastisch reduziert. Import und Export von Warengruppen ein- und derselben Art sind zu begrenzen. Verbleibende Verkehre sind auf Binnenschiff, Bahn, Cargo-Tram und Cargo-Bike zu verlagern.
17. Die bestehende Automobilität ist enorm unsozial. Eine Verkehrswendepolitik heißt auch, die Abhängigkeit vom Auto zu reduzieren und damit die sozialen Kluften erheblich zu verkleinern.
18. Die Arbeit der Beschäftigten im Verkehrsbereich muss wertgeschätzt, die Zahl der Arbeitsplätze dort wesentlich erhöht werden. Die krank machende Arbeitsverdichtung ist zu beseitigen, die Tarifbedingungen müssen spürbar verbessert werden.
19. Der Autoverkehr und die Zahl der Autos werden drastisch reduziert. Die dann noch verbleibenden Pkws sind kleiner und leichter, die durchschnittliche Geschwindigkeit, die PS-Stärke und die Jahresleistung sind geringer – womit sich die Emissionen auf einen Bruchteil des aktuellen Niveaus reduzieren.

20. Die Fertigung in der Autoindustrie wird auf klimaschonende Produkte umgestellt (»Konversion«). Dabei wird die gesamte Autobranche unter demokratische, öffentliche Kontrolle gestellt.

Die Umsetzung des Verkehrswendeprogramms kostet buchstäblich nichts. In diesem Manifest wird vorgerechnet, dass die bestehende Mobilität mit dem Auto im Zentrum wesentlich teurer kommt als eine Verkehrswende. Dieses Programm schafft – auch in der bisherigen Autobranche – tatsächlich wesentlich mehr neue Arbeitsplätze, als mit der Abkehr vom Auto entfallen. Für die Umsetzung der 20 Programmpunkte dieses Manifests kann eine deutliche Mehrheit in der Bevölkerung gewonnen werden.

Literatur

Monographien und Studien

Agora Verkehrswende (2017): Mit der Verkehrswende die Mobilität von morgen sichern. 12 Thesen zur Verkehrswende, Berlin.

Blume, Frank / Buck Felicitas / Kroll, David (2020): Vergleich des CO_2-Fußabdrucks von Mineral- und Trinkwasser, Gut Certifizierungsgesellschaft, Studie im Auftrage von a tip: tap e. V., Berlin.

Booz Allen Hamilton (2006): Privatisierungsvarianten der Deutschen Bahn AG – mit und ohne Netz, Gutachten für den Deutschen Bundestag, Berlin.

Bundesinstitut für Bau-, Stadt- und Raumforschung (2019): Konzepte für den Stadtverkehr der Zukunft, BBSR-Online-Publikation Nr. 08.

Deppisch, Larissa (2019): Wo sich Menschen auf dem Land abgehängt fühlen, hat der Populismus freie Bahn, Thünen Working Paper 119, Braunschweig.

Fuhrhop, Daniel (2019): Einfach anders wohnen, München.

Groneweg, Merle / Weis, Laura et al. (2018): Weniger Autos, mehr globale Gerechtigkeit Diesel, Benzin, Elektro: Die Antriebstechnik allein macht noch keine Verkehrswende, Studie im Auftrag von Misereor, Brot für die Welt und PowerShift, Berlin.

Knierim, Bernhard (2016): Ohne Auto leben. Handbuch für den Verkehrsalltag, Wien.

Knierim, Bernhard / Wolf, Winfried (2019): Abgefahren. Warum wir eine neue Bahnpolitik brauchen, Köln.

Kolb, Raimund (1987): Bähnle, Mühle, Zug und Bus. Die Bahn im mittleren Schussental, Bergatreute.

Meier, Klaus (2018): Sind ein ÖPNV-Nulltarif und eine ökologische Verkehrswende finanzierbar, Ökosozialismus – Analyse und Perspektiven, Köln.

Milbert, Antonia (2017): Ländlich gleich peripher? Raumstrukturen in Deutschland und ihre Bedeutung für Mobilitätsfragen, Vortrag des Bundesinstituts für Bau-, Stadt- und Raumforschung, Kassel.

Monheim, Heiner (2017): Wege zur Fahrradstadt. Analysen und Konzepte, Bad Homburg.

Monheim, Heiner / Monheim, Dörte (2018): Wege zur Fußgängerstadt, Hohenwarsleben.

Rudolph, Frederic et al. (2017): Verkehrswende für Deutschland – Der Weg zu CO_2-freier Mobilität bis 2035, erstellt im Auftrag von Greenpeace durch das Wuppertal Institut, Wuppertal.

Truger, Achim (2013): Steuerreformen: Verlorene Milliarden, Hans-Böckler-Stiftung, Magazin Mitbestimmung, Ausgabe 06, Düsseldorf.

Verband Deutscher Verkehrsunternehmen (2019): Auf der Agenda: Reaktivierung von Eisenbahnstrecken, Köln.

Wolf, Winfried (1992): Eisenbahn und Autowahn. Personen- und Gütertransport auf Schiene und Strasse, Hamburg.
Wolf, Winfried (1994): Berlin – Weltstadt ohne Auto. Eine Verkehrsgeschichte 1848 – 2015, Köln.
Wolf, Winfried (2009): Verkehr. Umwelt. Klima. Die Globalisierung des Tempowahns, Wien.
Wolf, Winfried (2020): Mit dem Elektroauto in die Sackgasse, 3. Aufl., Wien.
Wüpper, Thomas (2019): Betriebsstörung. Das Chaos bei der Bahn und die überfällige Verkehrswende, Berlin.

Sammelbände

Auhagen, Hendrik / Röske, Volker et al. (2020): Klimagerechte Mobilität für alle. Verkehr der Zukunft nicht den Konzernen überlassen, Attac-Basis-Text, Hamburg.

Zeitungsartikel, Radio- und Fernsehbeiträge, Vorträge

Bauchmüller, Michael et al. (2018): Freie Fahrt für alle, in: Süddeutsche Zeitung, 15. Februar 2018.
Brög, Werner (2016): Dialog-Marketing mit Dialog, in: Der Nahverkehr, 6/2016.
Brög, Werner (2017): Das hauptsächlich vernachlässigte Verkehrsmittel in der Mobilitätsforschung, in: mobilogisch, Heft 2/2017.
Dowideit, Anette (2019): Persilschein für Ryanair, in: Welt am Sonntag, 29. März 2019.
Frigelj, Kristian (2019): Das Rad soll das Auto verdrängen – Münster plant ein verkehrspolitisches Experiment – und nimmt sich Groningen als Vorbild, in: Die Welt, 2. Februar 2019.
Gehl, Jan (2015): Über Fußgänger, in: Süddeutsche Zeitung, 29. August 2015.
Gietinger, Klaus (2020): Zu den Risiken und Kosten eines unter der Erdoberfläche verlaufenden Fernbahntunnels in Frankfurt am Main; zitiert in: »Streit um einen Tunnel«, in: FAZ, 2. März 2020.
Greiser, Eberhard (2010): Risikofaktor nächtlicher Fluglärm. Abschlussbericht über eine Fall-Kontroll-Studie zu kardiovaskulären und psychischen Erkrankungen im Umfeld des Flughafens Köln-Bonn. Im Auftrag des Umweltbundesamtes, Schriftenreihe Umwelt und Gesundheit 01/2010.
Greiser, Eberhard (2017): Todesfälle durch Fluglärm sind abschätzbar, Deutsche Welle, 21. Dezember 2017.
Hays, Peter (1995): Service à la carte – Wenn die Zeit im Schlaf vergeht, in: Zug, Nr. 3/1995.
Holstein, Joachim (2016): Stellungnahme zur öffentlichen Anhörung des Verkehrsausschusses des Deutschen Bundestags am 14. Februar 2015 zum Thema Nachtzüge, in: Lunapark21, Extra 12/13, Sommer 2016.
Institut für Demoskopie Allensbach (2019): Umfrage zu Mobilität: Bürger wünschen passende Lösungen für Stadt und Land – und mehr Klimaschutz, Umfrage im Auftrag der Deutschen Akademie der Technikwissenschaften, Berlin, 6. Mai 2019.

Käppner, Joachim (2013): Heimat zu kaufen, in: FAZ, 21. September 2013.
Kirchner, Thomas (2017): Ernst nehmen, locker bleiben. Was deutsche Verkehrspolitiker vom Fahrradparadies Niederlande lernen können, in: Süddeutsche Zeitung, 26. Juni 2017.
Knierim, Bernhard (2020): Das ist schon einmal schief gegangen, in: Sozialistische Zeitung, Nr. 01/2020.
Knoflacher, Hermann (2014): Paradigm change in Transport and Urban Planing, Manuskript zum Referat auf dem Symposium »Urban Transport and Environmental Regulation«, Peking, 27. September 2014.
Kriener, Manfred (2017): China elektrisiert, in: Le Monde diplomatique, Februar 2017.
Massarrat, Mohssen (2019): Das Ende der Kompromisse. Wirkliche Klima- und Umweltpolitik muss radikal Prioritäten setzen und hat nichts mit einer Kohlendioxidsteuer zu tun, www.rubikon.news, 7. Dezember 2019.
Mayadoux, Anouk / Lieb, Stefan (2018): Klimaschutz in Köln, Kopenhagen und Hannover, in: mobilogisch, Heft 1/2018.
Michael, Luisa (2020): Über den langen Atem der Gelbwestenbewegung in Frankreich, in: Lunapark21, Heft 49/2020.
Schellnhuber, Joachim (2018): Der Klimawandel ist wie der Einschlag eines Asteroiden, in: Süddeutsche Zeitung, 15. Mai 2018.
Strittmatter, Kai (2019): Blaupause für die Fahrradstadt, in: Süddeutsche Zeitung, 17. Januar 2019.
Waßmuth, Carl (2010): Chaos als Normalzustand, in: Lunapark21, Heft 9/2010.
Wiegand, Ralf (2018): Wien hat, was München gerne hätte, in: Süddeutsche Zeitung, 14. September 2018.
Wolf, Winfried (2007): Kapital tötet Raum und Zeit: Globalisierung, Transportinflation und Privatisierungen, LabourNet Germany (www.labournet.de), Bochum, 25. Juni 2007.
Wolf, Winfried (2019): Das Aus des A380, www.nachdenkseiten.de, 19. Februar 2019.
ZDF (2019): Tempolimit-Streit, GdP will unabhängiges Gutachten, www.zdf.de, 28. Dezember 2019.

Pressemitteilungen und Stellungnahmen

Allianz pro Schiene (2019): Die Schiene kommt zurück, Pressemitteilung, 20. Mai 2019.
Berliner Senat (2019): Antwort eine Anfrage von Marcel Luthe (FDP), wiedergegeben in: Berliner Zeitung, 10. Februar 2019.
Bündnis Bahn für Alle (2008 bis 2019), Alternativer Geschäftsbericht DB AG, online unter www.bahn-fuer-alle.de.
Bürgerinitiative Pro Elbe (2017): Zum Gesamtkonzept Elbe – Strategisches Konzept für die Entwicklung der deutschen Binnenelbe und ihrer Auen, Hamburg, 13. Januar 2017.
Deutsche Bahn (2003): Ihre Nachtzugreise in die schönsten Länder Europas und ihre Metropolen, Werbeprospekt, 14. Dezember 2003.

Deutscher Städtetag (2018): Nachhaltigen Verkehr fördern – Verkehrssysteme der Zukunft entwickeln – Investitionsoffensive von Bund und Ländern notwendig, Pressemitteilung, Berlin/Köln, 22. Juni 2018.

Deutscher Städtetag (2019): Städtetag fordert mehr Tempo bei Diesel-Nachrüstungen, Erklärung gegenüber der Deutschen Presse-Agentur, 1. August 2019.

DIE LINKE im Bundestag (2013): Mobilität für alle. Forderungen für einen attraktiven öffentlichen Verkehr, Berlin 2013.

Dürr, Heinz (1994): Bilanzpressekonferenz der DB AG, 26. Mai 1994.

Finance & Trade Watch / Global 2000 (2017): Grünes Fliegen – gibt es das?, Wien, November 2017.

Initiative »Regionale Krankenhaus-Infrastruktur erhalten« (2020): Hintergrund: Menschenrecht auf Schutz der Gesundheit steht zum Ausverkauf, https://regionale-krankenhausinfrastruktur.de.

Schmiester, Carsten (2018): Freie Fahrt ist in Talinn nichts Neues, Deutschlandfunk, 15. Februar 2018.

Umweltbundesamt (2019): Einkommen, Konsum, Energienutzung, Emissionen privater Haushalte, Dessau.

VCÖ – Mobilität mit Zukunft (2017): In Wien deutlich mehr Öffi-Jahreskarten als Pkw, Pressemitteilung, Wien, 7. November 2017.

Verkehrsclub Deutschland VCD (2019): Tempolimit auf Autobahnen: Für mehr Verkehrssicherheit und Klimaschutz, 14. Juni 2019, www.vcd.org.

Wilkens, Andreas (2018): Grüner Nahverkehr – so macht es das Ausland, heise-online, 13. August 2018.